南京大學 地球科学与工程学院百年史

附录

主　编　王汝成
顾　问　王德滋　陈　骏
副主编　王运来　毛予倩
成　员　（按姓氏笔画顺序排序）
王孝磊　王宝军　王国光　王　唯　王淑君
汤晓茜　陆现彩　陆昀乔　茆雅凤　范琳琳
胡文瑄　施贵军　姚　静　夏　敏　倪　培
徐夕生　曹　剑　盛雪芬　舒良树

南京大学出版社

目 录

CONTENTS

1 教学成果获奖情况

自20世纪80年代以来，我院教师积极投身教学实践，编写教材，探索新的教学方法，特别是在数字化教学资源建设及网络教学实践方面走在全国前面，获得了一系列国家级和省部级教学成果奖（表1）。

表1 教学成果获奖（省部级及以上）一览表

序号	获奖成果名称	获奖人	奖项	年份
1	《火成岩石学》	孙鼐、彭亚鸣	国家级优秀教材奖	1987
2	《矿床学》（上、下）	胡受奚、周顺之、刘孝善、陈泽铭	国家教委优秀教材一等奖	1987
3	《元素地球化学》	刘英俊、曹励明、李兆麟、王鹤年、储同庆、张景荣	国家级优秀教材奖	1987
4	《古生物学》（上、下）	古生物教研室	地矿部优秀教材二等奖	1987
5	《地下水动力学》	薛禹群、朱学愚	地矿部优秀教材二等奖	1987
6	“普通地质学”教学研究与课程建设	夏邦栋、陈智娜	国家级优秀教学成果特等奖	1989
7	《古生物学》（上、下）	张永辂、刘冠邦、边立曾 等	国家级优秀教材奖	1992

（续表）

序号	获奖成果名称	获奖人	奖项	年份
8	《成因矿物学》	陈光远、陈武	地矿部优秀教材二等奖	1992
9	《沉积岩石学教程》	方邺森、任磊夫、黄志诚、韩同蓉、朱嗣昭	地矿部优秀教材二等奖	1992
10	《实验地球化学》	李兆麟、蒋浩深	地矿部优秀教材二等奖	1992
11	《宁苏杭地区地质认识实习指南》	夏邦栋、彭亚鸣、王建华 等	地矿部优秀教材二等奖	1992
12	《稳定同位素地质》	沈谓洲、黄耀生	核工业部优秀教材评审纪念奖	1992
13	“沉积岩石学”教学研究与课程建设	方邺森、黄志诚、朱嗣昭、孔庆友	国家级优秀教学成果二等奖	1993
14	《火成岩中主要矿物的认识》	周金城、徐夕生、李加贵	江苏省电视教材三等奖	1993
15	《结晶学与矿物学》	罗谷风	江苏省电视教材三等奖	1994
16	《花岗岩物理化学及铀成矿作用》	章邦桐	核工业部优秀教材二等奖	1996
17	《奇石欣赏》	周建平 等	江苏省优秀幻灯片投影教材三等奖	1998
18	结晶学与矿物学	周建平 等	江苏省普通高校多媒体教学课件三等奖	1998
19	《地下水动力学》	薛禹群、朱学愚、吴吉春、李同斌、林绍志、贾贵庭	教育部科技进步二等奖（教材类）	1999

（续表）

序号	获奖成果名称	获奖人	奖项	年份
20	《普通地质学》	夏邦栋、姜凤琪、陈智娜、张冬茹、刘寿和、闵茂中	教育部科技进步三等奖（教材类）	1999
21	《地球科学》（多媒体电子教材）	徐士进、赵连泽、陆现彩、王汝成	全国多媒体教学软件大奖赛特等奖	1999
22	《地球科学》（多媒体电子教材）	徐士进、赵连泽、陆现彩、王汝成	全国优秀电子出版物奖（国家新闻出版署）	2000
23	创建新世纪的地质学人才培养体系	华仁民、赵连泽、陈云棠、陈培荣、戴水汉、周新民	江苏省高等教育教学成果一等奖	2000
24	“地球科学”课程创新建设和多媒体电子教材	徐士进、陆现彩、赵连泽、陈云棠、邵进、王汝成、董少春、金莹	江苏省高等教育教学成果一等奖	2000
25	环境地质学	闵茂中、倪培、翟建平、方长泉、陆现彩	江苏省高等院校一类优秀课程	2000
26	水与人（多媒体课件）	陆现彩、徐士进、赵连泽	全国多媒体教育软件大奖赛二等奖及优秀编剧奖	2000
27	“地球科学”课程创新建设和多媒体电子教材	徐士进、陆现彩、赵连泽、王汝成、周新民	国家级优秀教学成果二等奖	2001
28	面向21世纪“地质学”教学内容和课程体系改革的思考与实践	陈云棠、赵连泽	江苏省高校教学管理研究优秀论一等奖	2001

（续表）

序号	获奖成果名称	获奖人	奖项	年份
29	“九五”国家优秀基地：南京大学“地质学”	南京大学地球科学系	教育部、国家自然科学基金委	2002
30	地学基础实践	刘家润、曾家湖、吴俊奇、朱国荣 等	江苏省高等学校优秀课程群奖	2002
31	普通地质学	舒良树	江苏省高等学校一类优秀课程	2002
32	《21世纪科学人文素质教育多媒体系列》	徐士进、陆现彩、赵连泽、董少春、胡欢 等	全国多媒体教育软件大奖赛一等奖	2002
33	《城市环境岩土工程》	罗国煜、陈新民、李晓昭、阎长虹	全国高等学校优秀教材二等奖	2002
34	应力应变式控制三轴剪切渗透试验仪	阎长虹、李晓昭、茅加峰、赵连泽、许宝田	江苏省教育系统自制教学实验仪器高校组二等奖	2002
35	“自然灾害与人”课件	陈云棠、赵连泽、陆现彩、董少春、胡欢	全国多媒体教育软件大奖赛多媒体课件一等奖	2004
36	创新型地质人才培养模式与培养方案的研究与实践	北京大学、南京大学、西北大学 等	高等教育国家级教学成果二等奖	2005
37	地球系统科学创新人才的培养方式与实践	王颖、赵连泽、吴晓根等	江苏省高等教育教学成果一等奖	2005
38	构建“三位一体”实践教学体系，培养创新型地学人才	王颖、胡文瑄、邵进、鹿化煜、王元	江苏省高等教育教学成果二等奖	2007
39	国家地学数字博物馆建设与实践	徐士进、武港山、董少春、陈红京、陆现彩	江苏省高等教育教学成果特等奖	2007

（续表）

序号	获奖成果名称	获奖人	奖项	年份
40	中国大学数字博物馆建设及其在教学中的应用	徐士进、沈旭昆、武港山、陈红京、董少春、陆现彩	国家级优秀教学成果二等奖	2009
41	全国教师讲课比赛	王栋	首届全国水利学科青年教师讲课竞赛特等奖	2009
42	《地球历史》（网络版、DVD-ROM版）	徐士进	第二届中国出版政府奖音像电子网络奖提名奖	2010
43	全国教师讲课比赛	孙媛媛	第二届全国水利学科青年教师讲课竞赛特等奖	2010
44	“地球历史”课件	徐士进、董少春、陆现彩、朱文申、陈珂	江苏省高等学校优秀多媒体教学课件二等奖	2011
45	全国教师讲课比赛	施小清	第三届全国水利学科青年教师讲课竞赛一等奖	2012
46	基于地质学特点的创新型人才培养平台的构建与实践	舒良树、胡文瑄、刘家润、王博、解国爱	江苏省高等教育教学成果一等奖	2013
47	李四光地质科学奖	舒良树	第十三次李四光地质科学奖（教学类）	2013
48	《中国古代科技文明》	徐士进	中国出版政府奖电子出版物奖	2014
49	全国教师讲课比赛	王远坤	第五届全国水利学科青年教师讲课竞赛特等奖	2016

（续表）

序号	获奖成果名称	获奖人	奖项	年份
50	水文与水资源工程特色专业创新人才培养模式探索与实践	吴吉春、王栋、吴剑锋、王远坤、祝晓彬、施小清、孙媛媛、徐静、蒋建国、徐红霞、叶淑君、陈扣平	江苏省高等教育教学成果二等奖	2017
51	水文与水资源工程国家特色专业建设改革探索	吴吉春、王栋、吴剑锋、王远坤、祝晓彬、施小清、孙媛媛、徐静、蒋建国、徐红霞、叶淑君、陈扣平	高等学校水利部专业教学成果一等奖	2017
52	综合性大学创新创业教育改革的探索与实践	陈骏、李成、邵进、高新房、李灿、董婷、王维嘉、葛俊杰、胡凯	江苏省高等教育教学成果特等奖	2017
53	全国教师讲课比赛	谢磊	全国大学青年教师地质学课程讲课比赛一等奖	2017
54	全国教师讲课比赛	史宇坤	全国大学青年教师地质学课程讲课比赛一等奖	2017
55	综合性大学创新创业教育改革的探索与实践	陈骏、邵进、高新房、王栋、李灿、董婷、李成、葛俊杰、胡凯、孙建军、杜骏飞、王维嘉	国家级优秀教学成果一等奖	2018

（续表）

序号	获奖成果名称	获奖人	奖项	年份
56	全国教师讲课比赛	陈扣平	第六届全国水利学科青年教师讲课竞赛特等奖	2018
57	全国教师讲课比赛	葛荣峰	全国大学青年教师地质学课程讲课比赛二等奖	2019
58	全国教师讲课比赛	顾凯	全国大学青年教师地质学课程讲课比赛二等奖	2019
59	古生物学	史宇坤	江苏省高校微课教学比赛一等奖	2020
60	全国教师讲课比赛	徐红霞	第七届全国水利学科青年教师讲课竞赛特等奖	2020
61	《普通地质学》	舒良树	第一届全国教材建设奖一等奖	2021

2 科研成果获奖情况

自1978年以来，我院筹谋擘画，团结奋斗，依托学院各时期科研工作，积极申报国家及省部级科研奖项，取得了一批富有创新性的科研成果，兹将获奖情况记录如下（表2，表3）。

表2　科研成果获奖（国家级二等奖及以上）一览表

序号	获奖成果名称	获奖级别	时间	主要完成人员	备注
1	华南不同时代花岗岩类及其与成矿关研究（1959～1963）重要论文	全国科学大会奖	1978	徐克勤、郭令智、张祖还、孙鼐、王德滋、俞剑华、胡受奚、季寿元、刘英俊、施央申	—
2	华南区域大地构造研究	全国科学大会奖	1978	郭令智、俞剑华、施央申、夏邦栋、卢华复、马瑞士、丁幼文	—
3	宁芜式富铁矿的形成原理、找矿标志和预测的研究	全国科学大会奖	1978	阮惠础、郑素娟、董火根、叶俊	—
4	马坑铁矿床的发现及其地质特征	全国科学大会奖	1978	施央申、王尔康、严正富	—
5	宁芜地区铁（铜）成矿规律、找矿标志、找矿方法及方向	全国科学大会奖	1978	胡受奚、刘英俊、俞鸿年	—

（续表）

序号	获奖成果名称	获奖级别	时间	主要完成人员	备注
6	长江三峡东部地区震旦系层型剖面	全国科学大会奖	1978	陈敏娟、夏树芳、林天瑞、王建华	—
7	华南花岗岩的地质、地球化学及成矿规律的研究	国家自然科学二等奖	1982	徐克勤、郭令智、张祖还、孙鼐、王德滋、俞剑华、胡受奚、季寿元、刘英俊、施央申	与中科院地化所、地矿部宜昌所及南方五省地质局合作
8	中国地质图类及亚洲地质图	国家自然科学二等奖	1982	陈葆仁	参加单位
9	应用新构造分析方法探测地下水资源国	国家自然科学二等奖	1985	萧楠森、高明、尹树人、肖有权、吴春寅、林凤勋、华致洁	参加单位，地矿部水文地质司牵头
10	华南海西—印支期断陷带中沉积—热液叠加型层状矿床的研究	国家自然科学三等奖	1987	徐克勤、朱金初、刘孝善、阮惠础、顾连兴、富士谷	1986年国家教委科技进步一等奖
11	中国东南大陆边缘板块构造	国家自然科学三等奖	1987	郭令智、施央申、卢华复、马瑞士、沈修志、孙岩、杨树锋、董火根、陈胜早、夏斌	—
12	中国及邻区海陆大地构造图（1：500万）	国家自然科学三等奖	1987	马瑞士、施央申、叶尚夫、朱慧娟	参加单位

（续表）

序号	获奖成果名称	获奖级别	时间	主要完成人员	备注
13	地质矿产术语分类代码国家标准	国家科技进步三等奖	1990	陈克荣、刘孝善、曹励明、韩同蓉、汤俊在、方中	1989年地矿部科技进步一等奖
14	塔里木盆地构造特征	国家科技进步三等奖	1998	王良书、贾东	参加单位
15	新疆伊犁盆地南缘可地浸沙岩型铀矿勘查研究及资源评价	国家科技进步一等奖	2007	闵茂中	参加单位
16	亚洲风尘起源、沉积与风化的地球化学研究及古气候意义	国家自然科学二等奖	2010	陈骏、季峻峰、杨杰东、刘连文、陈旸	—
17	华夏地块中生代花岗岩成因与地壳演化研究	国家自然科学奖二等奖	2017	周新民、徐夕生、王汝成、舒良树、于津海	—
18	全国危机矿山接替资源勘查理论创新与找矿重大突破	国家科技进步二等奖	2017	倪培	参加单位，牵头单位中国地质调查局
19	地质工程分布式光纤监测关键技术及其应用	国家科技进步一等奖	2018	施斌、张丹、唐朝生	—

表3　科研成果获奖（省部级二等奖及以上）一览表

序号	获奖成果名称	获奖级别	时间	主要完成人员	备注
1	新构造分析在水文地质工程地质工作中的应用	江苏省科技成果一等奖	1978	萧楠森、高明、吴春寅、尹树人、刘广才等	—

（续表）

序号	获奖成果名称	获奖级别	时间	主要完成人员	备注
2	地下水资源评价和水位预报方法研究	江苏省科技成果一等奖	1978	薛禹群、谢春红、戴水汉、张天岭	—
3	矿物中包裹体及成矿成岩地球化学实验研究	江苏省科技成果二等奖	1978	李兆麟、蒋浩深、赵梅芳、刘英俊、王鹤年、储同庆、张景荣、吴启志	—
4	华南钨矿成矿规律与找矿预测	有色金属总公司科技成果二等奖	1982	刘英俊、李兆麟	—
5	西太平洋中、新生代活动大陆边缘和岛弧构造的形成及演化	江苏省科技成果一等奖	1984	郭令智、施央申、马瑞士等	—
6	中国东南部及其临近区活动大陆边缘板块构造及其成矿作用	国家教委科技进步二等奖	1985	郭令智、俞剑华、施央申、马瑞士、沈修志、俞鸿年、卢华复、孙岩	—
7	长江中下游奥陶系及有关动物群的研究	国家教委科技进步二等奖	1985	俞剑华、陈敏娟、方一亭、黄志诚、刘怀宝、张建华、陈云棠	—
8	华南含钨建造和层控钨矿的地球化学研究	国家教委科技进步二等奖	1985	刘英俊、李兆麟、马东升、张景荣、陈骏	—
9	华南海西—印支期断陷带中沉积—热液叠加型层状铁、铜、铅、锌、银、金矿床的研究	国家教委科技进步一等奖	1986	徐克勤、朱金初、刘孝善、阮惠础、顾连兴、富士谷等	—

（续表）

序号	获奖成果名称	获奖级别	时间	主要完成人员	备注
10	矿物中包裹体及成岩成矿地球化学实验研究	国家教委科技进步二等奖	1986	李兆麟、刘英俊、蒋浩深、赵梅芳、吴启志、王鹤年、张景荣、储同庆、顾鹰	—
11	石灰桩加固软土地基物理化学机理的研究	江苏省科技进步二等奖	1986	李生林、秦素娟、薄遵昭、吴兰洲	—
12	黄河黑山峡河段开发方案论证	宁夏回族自治区科技进步成果一等奖	1987	罗国煜	参加单位
13	南京—扬州地区矿泉水资源开发与研究	国家教委科技进步二等奖	1987	吴春寅、林玉琴、曹幼琴、郑金荣、吴燕玉、刘道忠	—
14	东秦岭地区有色金属、贵金属成矿规律研究	国家教委科技进步二等奖	1987	胡受奚、陈泽铭、周顺之、富士谷、严正富、林潜龙、盛中烈、黎世美、姚宗仁	—
15	新构造控制地下水专家系统和中西文TurboProlog语言及应用	国家教委科技进步二等奖	1987	萧楠森	—
16	下扬子区盆地逆冲推覆—滑脱构造的发现及油气藏勘探远景预测	国家教委科技进步一等奖	1988	沈修志、孙岩、黄钟瑾、杜定全、朱慧娟、刘寿和	—

（续表）

序号	获奖成果名称	获奖级别	时间	主要完成人员	备注
17	数学方法在金、钼及石油等矿床研究中的应用	国家教委科技进步二等奖	1988	冯祖均、武耀成、周会群	—
18	中国东部若干城市和矿山的地下水资源评价和水量计算的研究	国家教委科技进步二等奖	1988	朱学愚、钱孝星、仰步雨、朱国荣	—
19	华南产铀花岗岩及有关铀矿床研究	国家教委科技进步二等奖	1988	张祖还、章邦桐、赵懿英、沈渭洲、闵茂中	—
20	东秦岭地区有色金属贵金属成矿规律研究	国家教委科技进步二等奖	1988	胡受奚、陈泽铭、周顺之、富士谷、严正富	—
21	河南省密县地区裂隙—岩溶水资源评价方法研究	地矿部科技成果二等奖	1988	陈葆仁、钱昂、戴水汉、刘飞、李永乐	—
22	地质矿产术语分类代码国家标准	地矿部科技进步一等奖	1989	陈克荣、刘孝善、曹励明、韩同蓉、汤俊在、方中	参加单位
23	江南地区金矿成矿地球化学背景及形成机制	国家教委科技进步一等奖	1990	刘英俊、张景荣、孙承辕、马东升、沙鹏	—
24	中国东南部酸性、中酸性火山岩、次火山岩与成矿关系	国家教委科技进步一等奖	1990	王德滋、陈克荣、刘昌实、周金城、杜杨松、曾家湖	—
25	江苏省陶瓷原料开发应用研究	江苏省科技成果二等奖	1990	方邺森、方金满、林敖金、胡立勋、孟达	—
26	黄雨的蜜蜂粪便说	国家教委科技进步一等奖	1992	张忠英	—

（续表）

序号	获奖成果名称	获奖级别	时间	主要完成人员	备注
27	粤西金矿床地球化学	国家教委科技进步一等奖	1992	王鹤年、张景荣、陆建军、陈骏、武耀成等	—
28	华南花岗岩成因的同位素和稀有元素地球化学研究	国家教委科技进步二等奖	1992	朱金初、刘昌实、沈渭洲、徐士进、王银喜、杨杰东	—
29	地体构造研究	国家教委科技进步二等奖	1992	施央申、郭令智、卢华复、马瑞士、张庆龙、贾东、舒良树	—
30	含水层中热量运移数学模型和数值模拟研究	国家教委科技进步二等奖	1992	薛禹群、谢春红、李勤奋、张志辉、吴吉春	—
31	地下水运移模型	国家教委科技进步二等奖	1992	朱学愚、谢春红、钱孝星、朱国荣、吴春寅	—
32	中国东南部晚元古代碰撞造山带的岩石学研究	国家教委科技进步一等奖	1994	周新民、徐夕生、朱云鹤、邹海波、姚玉鹏	—
33	黄河大柳树坝址工程地质论证	宁夏科技进步成果一等奖	1994	罗国煜	参加单位
34	华北地台周边地体构造及其与金等矿床区域成矿关系	国家教委科技进步二等奖	1994	胡受奚、赵懿英、陈衍景、富士谷、陈泽铭	—
35	华南金锑钨多元素含矿建造及其成矿机理研究	国家教委科技进步二等奖	1994	刘英俊、马东升、胡凯、牛贺才、季峻峰	—
36	中国东部与中生代火山作用有关金矿床的研究	国家教委科技进步二等奖	1994	任启江、王德滋、邱检生、徐兆文、华仁民	—

（续表）

序号	获奖成果名称	获奖级别	时间	主要完成人员	备注
37	华北板块东北缘的金矿床	国家教委科技进步二等奖	1994	徐克勤、仁启江、孙晓明、倪培、邱检生	—
38	造岩矿物超微结构的研究	国家教委科技进步二等奖	1994	罗谷风、薛纪越、徐惠芳、徐洪武、张富生	—
39	山东淄博市临淄大武水源地地下水水量模型和开采管理模型	国家教委科技进步二等奖	1995	朱学愚、朱国荣、曹修芴、贾道昌、吴春寅	—
40	中国东南和邻近海域岩石圈结构、组成和演化	中科院自然科学一等奖	1996	卢华复、周新民	参加单位
41	块状硫化物矿床特征和成因研究	国家教委科技进步二等奖	1996	顾连兴、胡文瑄、尹琳、徐克勤、胡受奚	—
42	中国东南部沉积岩系金矿床地球化学研究	国家教委科技进步二等奖	1996	张景荣、陆建军、朱法华、朱凯军、嵇福元、王蔚	—
43	东川式层状矿床成因及成矿地质背景	国家教委科技进步二等奖	1996	华仁民	—
44	高等级公路膨胀土路基土质改良	国家教委科技进步二等奖	1996	李生林、施斌、李家新、刘镇亚、陈新民、杜延军	—
45	塔里木盆地构造特征	石油天然气总公司二等奖	1996	王良书、贾东	—
46	华南火山岩型铀矿床成矿条件以及基底地质研究	核工业总公司二等奖	1997	章邦桐、王湘云、陈培荣、吴俊奇、石玉春、吴燕玉	—

（续表）

序号	获奖成果名称	获奖级别	时间	主要完成人员	备注
47	安徽沿江重要成矿区铜及有关矿产勘察研究	安徽省科技进步二等奖	1997	徐兆文	—
48	华北地台南缘及东缘金矿地质背景和成矿规律	教育部科技进步二等奖	1998	胡受奚、陈衍景、赵懿英、叶瑛、徐金方、刘红樱	—
49	江南中段新元古代碰撞造山运动学及高压变质带研究	教育部科技进步二等奖	1998	舒良树、周国庆、郭令智、施央申、孙岩、殷俊	—
50	粉煤灰的理化性能和有用元素赋存状态及综合利用研究	教育部科技进步二等奖	1999	翟建平、涂俊、徐应成、李文青、谭衢霖、钱琴、徐光平	—
51	优势面理论在大型桥梁、水利和地下工程中的应用与新进展	教育部科技进步一等奖	2000	罗国煜、闫长虹、李晓昭、储同庆、陈新民、陈征宙、章杨松、汪明武、李家新、刘镇亚、吴恒、刘松玉等	—
52	华南古岩溶角砾岩中铀矿床研究	教育部自然科学二等奖	2000	闵茂中、沈保培、江仪、张国文、文光斗、樊涛、黎旭畅、孔令福、张富生、王湘云、吴俊奇	—
53	锡与稀有金属花岗岩成岩成矿作用地球化学研究	教育部自然科学一等奖	2001	陈骏、王汝成、尹琳、刘昌实、沈渭洲、徐士进	—

（续表）

序号	获奖成果名称	获奖级别	时间	主要完成人员	备注
54	断层相关褶皱的发现和再生前陆盆地及其与油气聚集的关系	教育部自然科学二等奖	2001	卢华复、贾东、张庆龙、邓锡秧、董火根、陈楚铭、范湘涛、张进	—
55	硼、硅同位素新技术方法在热液成矿作用中的应用研究	教育部提名国家科学技术一等奖	2002	蒋少涌	—
56	达板城铜金矿带成矿条件研究与矿床定位预测	国有色金属工业科学技术二等奖	2002	顾连兴	参加单位
57	中国东南部晚中生代花岗质火山侵入杂岩成因与地壳演化	教育部提名国家科学技术一等奖	2003	王德滋、周新民、周金城、徐夕生、舒良树、刘昌实、沈渭洲、于津海、邱检生	—
58	中国东、西部主要盆地热体制和岩石圈热–流变结构	教育部提名国家科学技术一等奖	2004	王良书、李成、刘绍文	—
59	天山造山带东段碰撞变形与运动学研究	教育部提名国家科学技术二等奖	2004	舒良树、马瑞士、朱文斌	—
60	扬子板块西缘新元古代造山带演化历史及典型矿床研究	教育部提名国家科学技术二等奖	2005	徐士进、王汝成、沈渭洲	—
61	地下水资源评价与管理及其可视化软件系统	教育部提名国家科学技术二等奖	2005	闫长虹、张元成、陈葆仁	—

（续表）

序号	获奖成果名称	获奖级别	时间	主要完成人员	备注
62	深部流体成矿系统	国土资源部科学技术二等奖	2006	王良书	参加单位
63	中国西部新生代冲断带的特征与盆地耦合	浙江省科学技术二等奖	2006	贾东、王良书	参加单位
64	大规模成矿作用与大型矿集区预测	国土资源部科学技术一等奖	2007	华仁民	参加单位
65	南邻及邻区晚中生代花岗岩、变质基底与岩石圈演化	教育部高等学校科学技术奖自然科学一等奖	2007	周新民、陈培荣、徐夕生、刘昌实、沈渭洲	—
66	东天山岩浆活动与地壳演化和成矿关系研究	高等学校科学技术奖自然科学二等奖	2007	顾连兴、张遵忠、吴昌志、唐俊华、郭继春	—
67	黄土高原风尘来源、沉积和风化过程的地球化学研究	教育部高等学校科学研究优秀成果奖自然科学一等奖	2008	陈骏、季峻峰、杨杰东、刘连文、陈旸	—
68	地质工程布里渊散射光时域光纤分布式监测技术及其应用	教育部高等学校科学研究优秀成果奖科技进步一等奖	2008	施斌、张丹、王宝军、张巍、徐洪钟	—
69	区域地面沉降模拟及其应用	教育部高等学校科学研究优秀成果奖科技进步一等奖	2009	薛禹群、吴吉春、张云、吴剑锋、叶淑君	—
70	江南造山带西段新元古代构造—岩浆演化研究	高等学校科学研究优秀成果奖自然科学二等奖	2010	周金城、王孝磊、邱检生	—

（续表）

序号	获奖成果名称	获奖级别	时间	主要完成人员	备注
71	稀有金属矿物晶体化学与成岩成矿示踪理论的研究	教育部高等学校科学研究优秀成果奖自然科学一等奖	2011	王汝成、张爱铖、谢磊、朱金初、黄小龙	—
72	海底热水喷流沉积硫化物矿床地质地球化学及成因研究	教育部高等学校科学研究优秀成果奖自然科学一等奖	2012	蒋少涌、顾连兴、赵葵东	—
73	华南早古生代陆内构造—岩浆作用与大陆动力学演化	高等学校科学研究优秀成果奖自然科学二等奖	2012	舒良树、于津海、孙岩、姚金龙	—
74	复杂条件下的地下水数值模拟及其应用	教育部高等学校科学研究优秀成果奖科技进步一等奖	2014	吴吉春、吴剑锋、施小清、蒋建国、祝晓彬、叶淑君	—
75	复杂条件下的地下水数值模拟及其应用	高等学校科学研究优秀成果奖科技进步一等奖	2014	吴吉春、吴剑锋、施小清、蒋建国、祝晓彬、叶淑君	—
76	基于熵理论和云模型的水文模拟及其应用	教育部高等学校科学研究优秀成果奖科技进步一等奖	2015	王栋、吴吉春、王远坤、曾献奎、王腊春、邹欣庆、尚晓三、童心、刘登峰	—
77	含油气盆地流体示踪新技术及在勘探中的应用	高等学校科学研究优秀成果奖科技进步二等奖	2015	胡文瑄、曹剑、朱东亚、王小林、姚素平	—

（续表）

序号	获奖成果名称	获奖级别	时间	主要完成人员	备注
78	中国东南部地幔性状及壳幔相互作用研究	江苏省科学技术奖一等奖	2016	徐夕生、陈立辉、曾罡、贺振宇、禹尧	—
79	新疆前寒武纪块体的形成及其构造演化	高等学校科学研究优秀成果奖自然科学二等奖	2016	朱文斌、舒良树、王博、马绪宣	—
80	粘土矿物层间局域结构与表面属性	高等学校科学研究优秀成果奖自然科学二等奖	2016	陆现彩、刘显东、王汝成、周金虹、朱建喜	—
81	长江中下游江底大型隧道工程施工关键技术研究	高等学校科学研究优秀成果奖科技进步二等奖	2016	阎长虹、许宝田等	—
82	地质工程多场分布式光纤监测关键技术及其应用	高等学校科学研究优秀成果奖技术发明一等奖	2017	施斌、张丹、闫继送、魏广庆、张巍、朴春德	—
83	基于进化理论与智能搜索的地下水优化模型及其应用	江苏省科技技术奖二等奖	2017	吴剑锋、吴吉春、杨蕴、骆乾坤、祝晓彬、叶淑君、孙晓敏、章艳红、郭健	—
84	青藏高原东缘深部构造和陆–陆碰撞深部响应	教育部高等学校科学研究优秀成果自然奖一等奖	2018	王良书,黄周传,刘绍文,徐鸣洁,鲍学伟,王攀,米宁,于大勇,李华	—

（续表）

序号	获奖成果名称	获奖级别	时间	主要完成人员	备注
85	非饱和带典型污染物的环境风险评估及修复技术研究	教育部高等学校科学研究优秀成果科技进步一等奖	2018	吴吉春，郭红岩,孙媛媛,徐红霞,杜文超,季荣,尹颖,艾弗逊	—
86	花岗岩岩石成因与造山带构造演化	高等学校科学研究优秀成果自然奖二等奖	2018	姜耀辉、廖世勇、刘铮、王国昌	—
87	浅层地热能高效可持续开发关键技术及应用	江苏省科学技术奖一等奖	2019	李晓昭、王恩琦、马宏权、刘凯、赵鹏、黄俊、车平、张方方、许振浩、熊志勇、郭朝斌	—
88	龙门山地区中–新生代构造变形研究	高等学校科学研究优秀成果奖自然科学奖二等奖	2019	贾东、李一泉、王毛毛、陈竹新、魏国齐、孙闯、李志刚、罗良	—

3 师生与校友名录

师生与校友名录由6部分组成，收录的时间自1921年至2021年。6部分的顺序为：历任系领导名录，教职员工名录（1949年前与1949年后），名誉教授等名录，专职科研、博士后人员名录， 硕士、博士研究生名录，本、专科学生名录。具体人数如下：

1. 教职员工1949年前（包括兼任教师）共65人，1949年后共582人，按参加工作年份编录；名誉教授4人，兼职教授191人。专职科研53人，博士后202人（1988年～2021年）。

2. 1949年以前入学的本科毕业生147人，1949年后培养的本科、专科生共计万余人；硕士研究生2776人（1956年～1965年38人，1978年～2010年1478人，2011年～2020年1260人）；博士研究生人1065人（1982年～2010年543人，2011年～2020年522人）。

20世纪50至70年代，地球科学系接收了不少进修教师，安排在各专业教研室。他们都是南京大学的校友，本应列入校友名录，但因校、系缺乏档案依据，故难以列入，特此说明。师生与校友名录本着尊重原始档案材料的原则进行编录。女性名字的右上角标有“*”符号。1949以前的学生是按毕业先后编录，1949年以后的学生及其他部分的名录均以报到时间为序进行编入，因此包括了少部分学习期间退学、休学、出国留学、离系等人员的名字。在同一年份的人名排序上，完全依照原始资料的人名编排；有的排序以年级为单位按姓氏笔画排名，有的以班级为单位按姓氏笔画排列，也有的以班级或专业为单位而未按姓氏笔画顺序排列的。

历任领导名录

系主任		系党总支书记（党委书记）	
姓　名	任职年限	姓　名	任职年限
竺可桢	1921 ~ 1925	王德滋	1957 ~ 1958
孙多宪	1925 ~ 1926	戴　洵*	1958 ~ 1962
张可光	1926 ~ 1927	俞剑华	1962 ~ 1966
竺可桢	1927 ~ 1928	华文明	1973 ~ 1978
郑厚怀	1928 ~ 1930	周维高	1978 ~ 1984
李学清	1930 ~ 1941	王赐银	1984 ~ 1991
朱　森	1941 ~ 1942	张景荣	1991 ~ 1994
张　更	1942 ~ 1947	陈云棠	1994 ~ 1998
徐克勤	1947 ~ 1984	戴水汉	1998 ~ 2005
俞剑华	1984 ~ 1987	熊永根	2005 ~ 2008
陈克荣	1987 ~ 1991		
卢华复	1991 ~ 1993		
陈　骏	1993 ~ 1997		
华仁民	1997 ~ 2001		
胡　凯	2001 ~ 2006		
王汝成	2006 ~ 2008		
院　长		院党委书记	
姓　名	任职年限	姓　名	任职年限
王汝成	2008 ~ 今	熊永根	2008 ~ 2012
		王洪涛	2012 ~ 2018
		王　唯	2018 ~ 今

教职员工名录

1949 年前（包括兼任教师）

竺可桢	曾膺联	徐韦曼	谌湛溪	徐渊摩
孙多宪	谢家荣	张可光	郑厚怀	李学清
蒋志超	李之常	胡博渊	袁见齐	汤克成
李午泉	陈驾欧	帕雷哈斯（瑞士）		吴燕生
朱庭祜	王恭睦	李　刚	余国钧	张祖还
孙　鼐	徐克勤	汪国栋	孙定一	李承三
巴　克（匈牙利）		马廷英	郭令智	朱　森
殷维翰	李春昱	徐康泰	张　更	章冠环
马镇坤	姚文光	斯行健	张文佑	陈正宝
业治铮	萧楠森	陈　正	戈定邦	陈　旭
丁传谱	翁文波	姚瑞开	孙明善	俞建章
杨鸿达	汪正然	胡海涛	李　玶	张瑞锡
季寿元	郑鹤声	金万林	吴崇筠*	陶顺义
许德胜	陈正学			

1949 年

李学清	汤克成	张　更	姚文光	陈　旭
张祖还	徐克勤	萧楠森	丁传谱	杨鸿达
汪正然	季寿元	李　玶	胡海涛	张瑞锡

蒋志超	王子诚	陶顺义	许德胜	陈正学

1950 年

郭令智	王德滋	俞剑华

1951 年

刘元常

1952 年

孙　鼐	李行健	王　通	钱祥麟	刘孝善
刘英俊	冯祖钧	张永辂	俞鸿年	韩同蓉*
胡受奚	薛禹群	王才宏	庄耀先*	邵玲仙*
孙存宽	翟大礼*			

1953 年

董尚师	陈　武	陈敏娟*	李午泉	卢盛松
刘学尧	杨美娥*	林凤勋	董忠泉*	夏邦栋
王念之	董争平	黄火木	章得霞*	高秀英*
郁井泉	王泉清	周保元	韦立华	陆长贵
刘运先	张　铁	曹克忠	梁汲昌	胡友元
陆汝珍	卜正军			

1954 年

江富华	方邺森	陈以洛	叶尚夫	朱学愚

施央申　高　明*　夏树芳　王曼云*　李贤琏*
于镇藩　郭　杰　陈树盛

1955 年

罗谷风　沈修志　陈泽铭　林天瑞　姚吉法
阚顺章　曹励明　傅德余　谭忠国

1956 年

罗国煜　华致洁　肖有权　陈葆仁　张冬茹*
麦尔库洛夫（苏联）　刘芝亭　丁福庚　唐宁华*
卜银敖　陈连根　蒋幼萍*　宿立先　刘富环*

1957 年

周国庆　陈淑华*　罗宝信　姚　诚　王维中*
洛谢夫（苏联）

1958 年

石玉春*　刘金意*　阮惠础　张忠英　张富生
姜凤琪*　郑秉吾　刘文星　秦其玉　孙　完
徐广法　杨宏平　戴　洵*　周家健*　王鹤年
哥特良尔（苏联）

1959 年

薄遵昭*　秦素娟*　刘昌实　方一亭　赵懿英

方　中	康育义	陈克荣	王锡根	潘恩沛
莫承惠*	杨岱琴*	马纪正	雷寿鸿	王祚宁*
陆洪生	徐富林	范泽仁	考　钦（苏联）	
陈菊影*	良申科（苏联）		米克舍维奇（苏联）	

1960 年

李生林	李秀新	周佩儒	韩惠卿	田雨霖
王宾陶	汪贵翔	陈际湘	吴言昌	吴振荣
邓锡秧	汤俊在	刘寿和	丁幼文	朱慧娟*
周顺之	赵英珠*	张　蓉*	陈诸麒	陈智娜*
郑素娟*	周新民	黄志诚	黄钟瑾	薛纪越*
彭亚鸣	涂绍雄	黄建辉	杨正元	叶淑慎*
汤中华	吴因潮	刘荣生	周维高	马　谦
王赐银	许天佑	孙　岩	倪琦生	张志敏
储同庆*	肖立功	李应运		

1961 年

李兆麟	林承毅	章邦桐	王尔康	朱金初

1962 年

卢华复	马瑞士	李大林	姚文忠	王学云*

1963 年

张景荣	陈祖泉	李竹芬*	王土耕	蒋浩深

1964 年

刘道忠	张承华	孙承辕	朱嗣昭	吴春寅
石征录	王建华	牟惟熹	富士谷	

1965 年

孙明志	刘冠邦	董火根	任启江	刘振声
丛富增	贾怀仁	方金满	尹树人	边立曾
唐玉梅*	严正富	邱德同	王兆昭	周成奋
赵梅芳*	楚雪君*	毛惠新*	刘　燕*	刘金和
李振敏*	李继雯*	吴兰州	刘昭春	胡美玲*

1966 年

恽玲舲*　王国彬

1970 年

黄延雷　时增金　戎云飞

1972 年

张根娣*　陈图华

1973 年

华文明

1974 年

吴燕玉* 王培清 李懿淳* 吴启志

1975 年

叶　俊* 陈硅坤 冯洪真 陈勇声 张庆龙
曾家湖 欧阳钟辉 魏学成 张金章 陈光荣
黄耀生 李长甫

1976 年

刘广才 刘家旺 殷　培 周永欣 周亚东
陈大鹏 刘铁兵 张之沧 侯先光 陈胜早
史遗福

1977 年

刘登平 邓春梅* 王自忠 吴树清 方长泉
陈培荣 孔庆友 石火生 姜永基 戴水汉
朱国荣 陈云棠 林玉琴* 林雨萍* 程翠萍*
陶光明

1978 年

任震鹏 吴　浩 徐兆文 钱汉东 胡德昭
吴俊奇 陈新洪 施贵军* 赵　明* 黄细良
王良书 王湘云 李惠平* 陶先聪 王舜玲*

王年生　古　凡*　余根生　张光辉　胡丽萍*

1979 年

沈渭洲　武跃成　刘宪华*　马宏伟　朱月兰*
刘正平　袁辽夏*

1980 年

熊永根　王学锋*　郑意春*　鲍学谦

1981 年

马东升　周金城　闵茂中　刘怀宝　张幼宽
高领先*　杜春萍*　李惠民　徐建平　赖鸣远
裘丽雯*　裴大平　许慧君*　徐　洁*　唐余国
张启龙　刘国宁

1982 年

华仁民　李　成　杨企敏　陆季鸿　崔卫东
王瑞宇　徐鸣洁*　毕国平　曹晓云　赵连泽
杨湘宁　张建华*　蒋建新　耿建华

1983 年

饶　冰　王运来　颜美君*

1984 年

周建平　祁　岖　张程宁　袁玉珍*　武　兵
林　丽*　濮　巍*

1985 年

杨树锋　顾连兴　陈　骏　沙　鹏　刘家润
周会群　吕洪波　阎长虹　戴永善　顾　鹰
张大良　朱林弟　蒋　韬　罗庆春　吴爱萍*
刘长翠*

1986 年

陈征宙　魏元柏　董国仪*　施　斌　于津海

1987 年

徐士进　孙智峰　李向东　周小平　何永明
徐惠芳

1988 年

胡志宏　翟建平　贾　东　尹　琳　王汝成
浦玉忠　陈小明　季峻峰　朱和宝　王正珍*
唐新新*　张文兰*　刘文淑*　李加贵　吴晓俊

1989年

郭继春　徐夕生　蔡　彤　施建宁　张孝琴*
沈海燕*

1990年

汪屹华　凌洪飞　朱文斌　郑　晴*　王　军
陆建军　倪　培

1991年

吴吉春　舒良树　汪　相　胡文瑄　李　扬
张志东　姚文平

1992年

胡　凯　潘国强

1993年

邱检生　郭随平　董　平　陈新德　徐晓山
张志辉

1995年

姚素平

1996 年

张　云* 李　华* 单泰松

1997 年

姚素平 王淑君*

1998 年

陆现彩 蔡元峰 张　勇 王宝军 胡　欢*
李晓昭 王吉芳* 雍　平

1999 年

蒋少涌 林春明 吴剑峰 高剑峰 刘　慧*
王洪涛 杨競红*

2000 年

叶淑君* 徐巧慧*

2001 年

董少春* 陈　旸* 潘家永

2002 年

王胜利 姜耀辉 周会群 周启友 周爱梅*
谈晓冬 毛予倩*

2003 年

杨振宇	季　强	陈立辉	尹宏伟	王　栋
胡修棉	于大勇	解国爱	董　婷*	

2004 年

刘连文	张景飞	吴昌志	王　勤*	张　丹
丁俊英*	潘宇观	黄璐璐*	张岳桥	

2005 年

曹　剑	许宝田	孙　涛	赵葵东	祝晓彬
米　宁*	张　巍	汤晓茜*		

2006 年

姜宝玉	王　博	赵　良	施小清	赵晓豹
陈卫峰	王孝磊	李　娟*	杨爱华*	

2007 年

阮晓红*	孙媛媛*	盛雪芬*	谢志东	戴宝章
谢　磊*	胡旭芝*	李祥辉	张朝晖	

2008 年

郑洪波	杨　涛	周　斌*	徐　静*	唐朝生
史宇坤*	陈繁荣			

2009 年

王远坤　　魏海珍*　　刘显东　　周璐莹*　　李永祥

2010 年

张爱铖　　李高军　　朱鸿鹄　　宋晓东　　刘　宁*

2011 年

徐红霞*　　姚　静*　　吴卫华

2012 年

茆雅凤*　　陈　卫　　杨晓志　　周圆圆*　　吴本君*

2013 年

黄周传　　王小林　　蒋建国　　惠鹤九

2014 年

李　伟　　李伟强　　刘　春

2015 年

曾　罡　　车旭东

2016 年

董树文　　陈　颙　　王国光　　张岳桥　　许志琴*

王　涛

2017 年

陈扣平*　刘媛媛*　陈天宇　顾　凯　葛荣峰
曾献奎

2018 年

王　唯　谢月清　张　霞*　阮友谊　沈树忠
樊隽轩　王向东　侯旭东　张小萍*　陈　昕*

2019 年

马晗瑞*　夏　敏*　Macleod Norman　杨经绥
陆昀乔*　李广伟　彭永波　曹晓斌　张飞飞
夏　炎　章荣清

2020 年

Huiming Bao（鲍惠铭）　泮燕红*

2021 年

程　青*　胡科毅　赵丹丹*

名誉教授、兼职教授等名录

名誉教授

丁文江　　翁文灏　　李四光　　许靖华

兼职教授

谢家荣　　李庆远　　励润生　　劳美尔（德）
黄汲清　　常林彝　　张文佑　　斯行健　　俞建章
李春昱　　翁文波　　傅承义　　涂光炽　　叶连俊
程裕淇　　卢衍豪　　穆恩之　　李星学　　周明镇
业治铮　　余伯良　　丁国瑜　　李德生　　刘光鼎
周洵若*　　马启富　　莫　尔（美）　　李廷栋
童晓光　　孙　枢　　朱　训　　豪威尔（美）
常印佛　　翟光明　　陈毓川　　王　涛　　戴金星
夏　菲（法）　　钱祥麟　　黄第蕃　　刘兴才
纽　曼（美）　　徐永昌　　赵鹏大　　郭华东
刘宝珺　　欧阳自远　　马福臣　　王志雄　　贾承造
李继亮　　郑永飞　　岛琦英颜（日）　　刘丛强
吴智深　　王成善　　季　强　　孙卫国　　王　鑫
李吉均　　黄韦良　　W. L. Griff（澳）　　秦大河
安芷生　　田在艺　　刘福田　　S. Y. O'Reilly（澳）
金之钧　　殷鸿福　　H. I. Inyan（美）　　郑大瑜

H. Y. Fang（美）　J. Suppe（美）　马宗晋
张永康　阎学义　丁　抗（美）　苏树林
徐惠芳（美）　段振豪（美）　卢耀如
张弥曼*　罗·克·索戴姆（R. C. Surdam）（美）
汪集旸　刘　勉　吴中如　许志琴*　刘玲根
范如玉　罗哲西　江琦哲郎（Esaki Tetsuro）（日）
赵西西　夏　斌　高长林　邓起东　郑春苗
张东晓　胡晓农　福赫·米歇尔（法）　张洪涛
刘　聪　张幼宽　迈克·奥哈拉（Mike O'Hara）（英）
牛耀龄　朱　敏　沙金庚　杨　群　陈跃辉
周荔青　马映军　哈夫曼（A. W. Hofmann）（德）
何继善　洛芭茨卡娅（Raissa M. Lobatskaya）（俄罗斯）
任纪舜　高　锐　牟书令　王　驹　张国伟
赵大鹏　刘文汇　陆桂华　陈　颙　周忠和
王　浩　郑绵平　金振民　江博明（Bor-ming Jahn)
王小烈　张金带　林爱明　莫宣学　张培震
叶天竺　徐义刚　夏飞·雅克（Jacques Charvet）（法）
石耀霖　陈　岩　管路平　朱日祥　陈运泰
王守强　瑞纳（Joachim Reitner）（德）　彭新建
吴福元　肖文交　胡志宏　周美夫　John (美)
李　江　毛景文　胡瑞忠　尚拓士（印）
侯增谦　陈衍景　钟孙霖　赵国春　孙赞东
黄润秋　Kenichi Soga（英）　水　汀　何满潮
邓　军　王京彬　朱永官　戎嘉余　周志炎

陈　旭　Scott E. Fendorf（美）　彭平安　彭建兵

董树文　Donald L. Sparks（美）　吕庆田　李三忠

殷跃平　Benedetto de Vivo（意大利）　朱合华

唐辉明　杨经绥　王岳军　祝意青　王宝善

吴忠良　冯新斌　李献华　邹海波　陈立辉

何宏平　麦克·亨利·斯蒂芬森（英）　翟明国

嵇少丞（加拿大）

顾问教授 / 客座教授 / 荣誉顾问

水　汀　彭兆远　於晓璠　才树仁

专职科研名录(自2011年开始，按入职先后)

王小林　黄周传　曾　罡　李　达　刘　春

曾献奎　蒋建国　王　攀　尹　坤　梁修雨

车旭东　何　同　王国光　张　霞*　王文卉*

单　楠　顾　凯　葛荣峰　常　勇　夏　炎

陈　曦　汪　恺　李子波　贺一鸣　胡科毅

吴　婵*　李　娟*　朱　辰　王　迪　连东洋

章荣清　阮友谊　王小均　刘　欢　安诗超

李刘昆　程　青*　张　勇　段吉琳*　魏广祎

张诚成　李　涛　南统超　王　玺*　潘君屹

吴魏伟	泮晓华	郑碧海	吴 琼*	李如操
李艳青*	刘汉永	Alberti Matthias		

博士后名录

徐 备	胡文瑄	勃列维（美）		汪 相
汪屹华	饶 冰	郭永海	徐守礼	杜小第
王 超	李玉成	姚素平	李晓昭	刘志宏
林春明	孙红军	何光玉	孙景贵	潘家永
蒋少涌	杨凤根	廖启林	姜耀辉	张小平*
曾新民	张佩华	顾强生	吴青柏	杨长福
常福宣	张兆峰	陈 斌	徐洪钟	许宏发
杨瑞琰	李俊才	李维锋	戚华文	袁永生
孙有斌	李玉祥	马 芳*	张 巍	郗爱华*
饶文波	张逸昆	姜宝玉	马宏瑞	刘云田
夏响华	腾格尔	李凤杰	杨丽原	何将启
连 宾	丁丽丽*	樊敬亮	朱学剑	王晓琪*
徐向华*	孟凡巍	高玉巧*	赵兴青*	皮道会
庄红芹*	蒋庆丰	刘金涛	蒋建国	许 峰
韩国民	王彩萍*	何 忠	郭利果	于文修
林 颖*	饶 灿	敖 静*	丁清峰	鲍 芳*
余成林	卢龙飞	张 玲*	王 平	管申进
王 蓉*	杨 侃	王丽娟*	陈 忠	鲍学伟

姜晓辉*　焦　珣*　王　静*　庄新兵　刘景东
王韫玮*　王　倩*　车　平　郭春丽*　王　涛
黄振凯　谢文静*　黄　晖　章艳红*　余荣台
顾　凯　马灵伟　熊慧欣*　蒲　阳　曹涛涛
罗厚勇　葛荣峰　王　玺*　卢　毅　历红波
孟宪川　闫　兵　曲瑞娟*　常　勇　张亚平*
Saskia*　Antje Erdmann　夏　炎　陈　曦
谢一凡　王凯兴　唐　莲*　潘安阳　邹春江
南统超　Simon Hohl　孙棐斐*　刘一锋
赵万苍　李子波　刘晨晖　卞　夏　管冬兴
李大鹏　贺一鸣　徐　康　康志强　姚金龙
李文涛　颜照坤　马　蓉*　胡科毅　施春华
高　磊*　黄　震　姜允斌　李　稳　蔡辉腾
张立虎　徐逸鹤　张　毅　李艳芳*　陈　萌
肖　健*　Kunda Badhe*　刘　鑫　肖　笛
周雪瑶*　Remziye Akdogan*　胡久鹏　赵　凯
Matthew Jacek Brzozowski　程　刚　宗恩敏*　黄旭栋
孙义程　何委徽　江文彬　肖晓牛　何梦佳*
汪　伟　周金虹*　刘　群*　荀文贤*　苏　鹏
张　兵　张盛峰　佘雅文　王文倩*　周久龙
莫绍星　张　优*　李石磊　李　乐　宋　健
赵　涛　洪清泉　达佳伟　刘　牛　张诚成
Cochelin Bryan　欧阳东剑　杨生超　张景坤
曹　程*　张怀成　王海洋　杨　彧*

（截至2021.5.28）

研究生名录

1956 年～1965 年研究生

1956 级

王鹤年　　俞受鋆

1959 级

马瑞士　　卢华复　　童晓光　　陈重泰　　康　旭

1961 级

左国朝　　谢瑞征　　王建华　　钱　清*　　牟惟熹

1962 级

刘振声　　任启江　　丛富增　　竺国强　　董火根

刘冠邦　　丁　灏　　孙明志　　沈渭洲

1963 级

斯伟民　　孙家齐*　　蒋乃兴　　殷先明　　叶　俊*

杨一功

1964 级

顾　斌　　张政治　　王炳成　　周金城　　闵茂中

1965 级

孙展珠*　　蔡林根　　蓝亚狮　　薛家忠　　李裕能
谢谋富

1978 年以后硕士研究生

1978 级

杨树锋　　陈胜早　　金鹤生　　刘怀宝　　庄寿强
张幼宽　　蔡钟业　　周金城　　曹佳宏　　华仁民
顾连兴　　徐金芳　　马东升　　乔恩光　　谢少卿
闵茂中　　王世泰

1979 级

方惠瑛*　　杨振东　　杨湘宁　　张建华*　　梁诗经
孙幼祥　　赵连泽　　叶　瑛　　李嘉曾　　邵厥年
曹晓云　　陈　骏

1980 级

王良书　　贾承造　　夏　斌　　边　际*　　袁　朴

徐士进	饶　冰			

1982 级

贾　东	高文兵	虞子冶	刘春莲*	陈　旬
吴　恒	庞忠和	黄康乐	许　宁	周建平
祁　岖	杜杨松	吴澄宇	周怀阳	胡志宏
沙　鹏	顾　鹰	程承旗	汪　耀	郑永飞
戴永善	罗哲西	张昇平	王　毅	蒋建新
朱正书	刘　勉	温建平	王志宇	吕洪波
汪　新	陈　然	王汝建	刘家润	余　菁*
张大良	阎长虹	褚福权	李旭平*	傅国飞
王益锋	尹　琳	邓　起	周会群	吴小平
杨忠芳*	陈　铧	陈延安	孔令福	翟建平
曹向东	劳　勇	汪　相		

1983 级

王　超	孙智峰	李　黎	杜定全	侯玉宾
莫宴情*	李　淳	吴劲薇*	张晓栋	唐　毅*
王建平	陈征宙	施　斌	王玉明	魏元柏
于津海	徐夕生	殷建华	潘永伟	刘　聪
孙晓明	张逸昆	张松林	陆建军	郭继春
汪东波	董国仪*	戴爱华	王汝成	王学成
刘　义	刘继顺			

1984级

孙树林　　何永明　　汪屹华　　郭召杰　　熊斌辉
王海峰　　周小平　　路浩芝　　邹泽远　　周旭明
杨　军　　曹小强　　徐惠芳　　汪永进　　袁小燕*
徐　红*　　刘向锋　　郭景峰　　倪　培　　李向东
陈衍景　　傅成义　　林玉程　　朱恺军　　范宏瑞
胡　凯　　凌洪飞

1985级

李鹏举　　陈　伟　　赵　靖　　施光宇　　舒良树
冯洪真　　宋裕发　　柳　莉*　　王和平　　刘松玉
汪永新　　胡明岳　　徐洪武　　黄桂林　　孔庆友
朱云鹤　　陈小明　　陈建国　　周　琦　　董传万
王新光　　卢　冰*　　浦玉忠　　褚　强　　黄　标
潘龙泉　　牛贺才　　季峻峰　　丘志力　　沈　吉
季海章　　秦社彩*　　徐　亮　　戈红星　　黄河清
陈培荣　　徐兆文

1986级

卢海滨　　王光明　　张福勤　　马学敏　　张伯友
闫吉柱　　施建宁　　施泽进　　杨　光　　李　成
马　燕*　　马家常　　王向东　　刘　双*　　杨　斌
廖建生　　陈俊长　　刘义怀　　金培康　　邢光春

刘　俊	王玉华*	邹海波	王少依	夏志武
贺伯初	邓　健	杨书桐	邱检生	孙冶东
吴长年	金持跃	甘晓春	唐万能	王青双
余养成	王　实	陈来福	傅景旺	王守春
谢炳荣	陈振胜	巫建华	曹双林	丁炳良
邵玉英*				

1987 级

郭明生	郭随平	许锡生	毕传学	戴春森
朱文斌	刘洪磊	钱国飞	林东燕	李　逊*
徐有龙	黄　勃	阮　峰	李　珍*	陈余道
谢喜云*	马　军*	李忠权	龚家骊	顾炳伟
赵太平	杨荣勇	刘伟新	万玉秋	刘　刚
孙智宏	张建龙	沈忠民	廖静娟*	张　干
朱法华	周凤英*	杨建文	阎　明	

1988 级

张开均	蔡东升	李新辉	魏　蕾*	张爱萍
钟立荣	焦敏杰	杨卫东	彭荫来	焦超颖
上志洪	陈浩东	兰俊康	张志东	姚玉鹏
张重泽	陆一标	范越宇	何昌林	李学庆
李红艳*	杨　帆*	李　扬	徐　兵	卢德林
刘恩怀	杜　军	赵妙琴*	许玩宏	谈晓东

1989 级

王志洪　李培军　杨　凌*　吴运高　夏田放
钟富太　黄　翡*　王　薮*　孙克让　余小奎
陈　芸*　吴吉春　韩爱明　肖万生　毕　舒
沈兆龙　于　昕　石满全　郭国章　俞岸骝
熊小林　王曙光　王长华　王庆双

1990 级

吴世敏　徐永福　董　平　梅洪明　李　越
邵国强　熊传武　方　磊　林　俊　刘瑞琪
刘淑芸*　徐绍辉　潘　钢　璩继立　郭卫东
石汉生　陈绍海　张海进　康显桂　朱　政*
刘红樱　郑乐平　张海洋　解晓军　张晓豪
孟　埴*　杨东生　王湘云

1991 级

丁　阳　韩作振　许红忠　林黎明　唐兴良
王宇红*　殷　俊　傅　斌　龚玲兰*　罗安湘
王　峰　吴佩红*　武少兴　诸建林　段建刚
蒋澄宇　曲晓明　张金春　蓝　敏*　幽建菊*
陈祥云　黄　伟　尚彦军　万　玲*　周念清
谢永林　徐英风*

1992 级

郭震宇　娄仲连　施小斌　熊　振　徐春明
朱斌　郝艳丽*　王　谦　吴智平　陈新民
高俊合　项建维　徐　华　郭　昀*　胡　勇
卢保奇　杨守业　叶友清　曹　会　陈　钢
荀晓琴*　徐文艺　钟　宏　黄洪宇　王洪涛
胡恭任

1993 级

赵　宇　李武显　吴梦霜*　吴义军　陈晓东
陆现彩　曲俊生　夏应菲　杨　春　尹宏伟
蔡　彤　高　燕*　容　玮　王先锋　张　辉
曹长群　范湘涛　葛建党　林　伟　米　宁*
于　成　张喜慧　苏丹　艾　瑶*　曹金宝
黄　海　司进峰　徐迎伍　张　勇　赵　明*
施贵军*

1994 级

钱雪明　陈淑祥　侯红军　黄小龙　符　琦
胡金化　牛翠祎*　滕海龙　仇　纲　颜备战
曹奇原　冯　蘅*　陈楚铭　林鹤鸣　钱　辉
孙　珍*　钟志洪　曹雪山　杜延军　李　莉*
王新德　吴剑峰　张韵*　刘兰忠　孟昭武

徐应成

1995 级

蔡元峰	胡　欢*	陆怀鹏	盛雪芬*	高春彦*
杨照柱	朱洪兵	孙　历*	李本亮	王国强
张永军	沈　琪	王觉富	王心源	曹　锋
陈　强	刘建立	吕　锋	唐红侠*	徐洪钟
郑庆怀	李　琦	王宝军	张春华	朱琚峰
何　勇	涂　俊			

1996 级

葛小月*	高　斌	彭敦陆	于春水	陈　旸*
李永祥	王　勤*	温世红*	岳焕印	张　进
何长鸣	王　辉	王国权	王勇强	许　劼*
朱　蓉*	孔兴功	李文青	罗兴章	

1997 级

谢家东	周东山	曹彦荣	毛鸿丽*	邓三鸿
孙　睿	王　果	张学军	郭延军	李春雷
刘　庆	刘连文	徐光伟	刘　彤	任文军
王胜利	肖卫勇	阎福礼	陈　崧	郭　飞
谭衢霖	童立元	王浩然*	熊孝波	严三保
叶　明	叶淑君	张　凌*	周　翔	

1998级

段　芸*	范建国	黄　瑾*	李宏宇*	刘俊峭
潘燕宁*	孙　涛	温　峻	肖新建	赵成浩
周　旋	周承福	于辰声	周丽娅*	左振鲁
唐相生	陈　剑	葛　锐*	解国爱	印栋浩
韩　涛	何　伟	李根义	刘定恩	薛　庆*
张　烨*	郑茂辉	朱桂娥*	范春方	林　颖*
钱　琴*	徐光平			

1999级

董少春*	金　莹*	刘　洪	孙国曦	孙海婷*
谭清泉	田京辉	吴昌志	肖　奕	谢　昕
张志远	胡雄星	邓　刚	范立国	黄延忠
李　娟*	刘绍文	刘　威	马英健	慕玉福
孙吉原	孙　历*	孙树文	王佰长	王　庆
王秀娟*	韦永生	魏纪德	薛　冈	杨瑞明
于际民	张　东	张智礼	钟　锴	方海东
李最森	马　骥	秦　然	王　蓓*	杨永兵
姚海波	章　华*	蒋学鑫		

2000级

黄顺生	李迎辉	连国建	卢海萍*	钱　鹏
阙朝阳	苏晓云*	吴南平	肖红全	于航波

曾文俊	张登明	赵葵东	周　进*	朱东亚
侯明兰*	吴昀昭	赵　良	陈爱林	李　明*
殷小龙	朱李鸣*	陈　杰	杜松金	郭方礼
金永念	李才明	刘建东	刘　勇	王　波
王　博	王　浩	王晓梅*	吴曙亮	伍洲云*
姚文江	于大勇	张祥云	张　耘	赵永忠
卞锦宇*	程　诚	邓立立	邓小鹏	丁　勇
何　芳*	李洪春	林　海	刘军熙	陆秋生
戚庆学	亓军强	祁长青	邱军宝	苏天明
孙斌堂	孙振波	王　敏*	王新建	吴振君
许宝田	羊　晔	俞　缙	张　迪	张国永
张利生	祝晓彬	吕　鹏	张林松*	张　敏

2001 级

曹学伟	陈永权	戴宝章	丁俊英*	华　明
潘宇观	宋玉财	孙亦彬	汪传胜	王德明
王孝磊	熊　飞	姚春亮	姚军明	张爱铖
张遵忠	赵　蕾*	赵彦彦*	周　睿	苏晶文*
孙学通	韦丽佳*	董　琳*	何中发	刘文斌
陈竹新	杜菊民	韩用兵	王　彬	祖辅平
蔡　奕*	陈　彦*	方　瑞	江思珉	李超群*
刘　慧*	邵　莉*	施小清	孙维丽*	孙亚哲
许　崧	阎婷婷*	周汇光	陈建华	陈卫锋
沈莽庭				

2002 级

丁　兴	范钦成	高剑峰	顾晟彦*	鲁为敏
沈洪婷*	宋　宁	汤晓茜*	谢　磊*	姚晓娟*
叶海敏*	张　妮*	张晓琳*	赵　韧	郑　翔
朱长见	朱筱婷*	靳　莉*	李　觃	梁　英*
聂文明	史宇坤*	王　超	王　锋	王　璐*
杨　帆	张　鹏	张　惬	朱君星	程　璐*
郭高轩	黄昌硕*	姜蓓蕾*	伍开江	陈道华
龙汉生	陆尊礼	蔡　勇	付李红*	宋　杨
王大勇	叶宝军	赵　波	查　俊	陈　鹏
陈为伟	程建军	崔何亮	何燕云*	刘　琦*
彭志军	孙伟晔	王玉英*	吴传斌	肖　琳*
邢崴崴*				

2003 级

毕建国	边芳霞*	陈金宝	陈元春*	崔向东
丁　昕*	董泽龙	窦　欣*	冯国忠	高　庚
耿红燕*	耿立峰	郭　平	胡　建	金祥纯
兰立新	李　娟*	李军生	刘兴周	毛光周
孟　巍*	慕德梁	潘立银	苏晓捷	孙素青*
陶国亮	汪宝华	王国勇	王仁厚	王　硕
温国强	吴本君*	吴国华	吴玉滨	徐　东
徐丽英*	薛大力	杨　涛	于兰兄*	张红军

张　辉	张建龙	张学丰	张　英*	赵立旻*
赵立文	郑远川	朱　霞*	卓弘春	邹丙方
李风玲*	刘　莉*	宋世明	吴　凯	吴　涛
杨　策	薛春燕*	董宝清	孔凡凡*	刘　波
蔡建新	胡潜伟	黄生海	施林峰	徐士银
徐　震	赵忠岩	孔祥龙	刘汉乐	刘小毅
王晶晶*	徐速	喻永祥	陈　佳*	周　枫
高　磊	李　军	陆志均	路长春	王冰艳*
郁新丰	高　鹏	何清雨	胡增辉	刘　杰
刘裕华	索文斌	唐朝生	王吉刚	杨隽永
郑　军				

2004 级

童蔚蔚*	陈　蕾	高小康	黄建宝	李伟强
刘吉强	漆滨汶	唐俊华	王云健	严莹莹*
张军涛	张　科	张文轩*	赵振华	周　舟
陈　曦	马应明	毛予倩*	茅昌平	王　坤
王　曼*	颜亮亮	周　健	陈　萌	黄　浩
冯昌格	胡　博	胡旭芝*	贾秋鹏	马　前
仝亚博	王　森*	徐彦龙	季月华*	李国山
刘德朋	夏　源	刘　文*	刘显东	王　迪
吴卫华	陈峰军	高　玮*	郭军辉	李乃旺
梁清雨	卢文臣	彭光耀	宋　震	唐圣原
王小明	张　正	朱海骏	朱友群	李欣雅*

庞　博

2005 级

李忠海　闫文波　车旭东　葛　璐*　郭维民
韩志艳*　贺振宇　李春海　李　达　李艳丽*
廖世勇　王丽娟*　王旭东　魏震洋　肖　娥*
徐　琴*　杨小男　岳信东　张　哲*　李高军
廖家隆　周　洁*　周　玮*　季鑫鑫　李丽霞*
毕素萍*　郭芳芳*　李雪靖*　罗　良　苏金宝
张　田　张志勇　郑连弟*　刘　畅*　梅　一
闵　望*　彭　伟　王　操　王小文　吴华桥
徐红霞*　杨　靖*　谢晓华　何　坤　李　真
李志云　刘　玮　刘玉萍*　杨　侃　尹　坤
陈长河　程　毅　胡　盛　李　斌　李海涛
李　科　刘运涛　蒲晓芳*　乔海超　武　伟

2006 级

鲍学伟　范　琦*　黄周传　宋晓明　朱蓓蓓*
蒋智格　李海勇　李　亮　李　响　李　真
刘四海　刘　婷*　罗　丹*　苏贵珍*　王建刚
王天刚　王小林　谢小敏*　颜晓蓉*　禹　尧*
曾　罡　张志萍*　赵海香*　朱　碧*　徐深谋
丁　海　葛　云*　黄　晟　郑新源　敖德逵
陈秋军*　程玉琪*　邓　飞　董尚富　杜　瑞

付卫丽*　何　石　侯雪云*　黄显辉　金英兰*
李庆德　李一泉*　刘　浩　刘红星　刘　雷
麻伟明　马华丽*　蒲晓轩　孙　斌　孙东利
孙善超　孙仲华　王家震　王英威　王玉华*
徐先兵　许怀智　薛　涛*　杨为华　杨　伟
云海富　张景义　赵晨颖*　周　宝　朱道平
胡　鹏　刘玲玲*　桑燕芳　尚晓三　吴海燕*
徐月平　周　洁*　李光来　谭桂丽*　周朋飞
曹仁雷　马　沧*　钱焕菊*　张　洁*　张雪芬*
周　清　陈明珠　高　磊　李家奇　李松龄
李文勇　刘　瑾*　罗常青　汪志涛　詹启伟
陆　乐

2007 级

黄　晖　王　攀　徐飞印　董晨阳　冯　慧*
胡东泉　金　伟　靳国栋　雷如雄　李　庆
时　毓*　王国光　姚玉来　于阿朋*　张　婷*
张　霞*　章荣清　朱　宇　丁海峰　房洪峰
何　同　姚　远　王文卉*　许伟伟　叶春林
陈　娟*　丁洪建　范　姝*　符永江　何德志
胡新正　霍宇嘉*　李　程　李树山　李维祎*
廖成君*　刘晨丽*　刘连杰　刘曙光　柳　东
马中良　满安静　商维斌　石利华　孙圣思*
唐　震　滕铁军　汪百齐　王　冲　王恩辉

王光明　王金花*　王丽洁*　王瑞瑞　王锡勇
王　艳*　危宇宁　乌丽娟*　向　磊　肖红平
袁　伟　张海栋　张和金　南统超　任国澄
田　巍*　王　佩*　杨　蕴　张亚平*　周璐莹*
周晓海　陈天宇　张　晔*　章　健　曹　璐*
丁海红*　丁　雨*　金翠叶*　李洪星　马野牧
王　哲　徐　震　朱　升　韩　非　纪成亮
刘　春　马　可　缪世贤　邵冠慧　王　可
王　媛*　邢　姝*　赵理政　邹春江

2008 级

冯　丽*　黄　韬　陆一锋　陈　洁*　陈　琪
马　曦　陈　伟　桂长杰　胡森林　鞠昌荣
刘　亮　罗　莉*　马　亮　孙立强　王禄彬
王学寅　王震宇　徐　强　徐素云*　薛卫冲
杨悸荧　杨水源　叶景艳　招湛杰　赵　超
赵　鹏　周　健　蔡　杨　陈岭啸*　花林宝
焦　堃　李　玲*　姚　静*　牛亚卓　陈希节
葛荣峰　霍明宇　瞿沪然　李红军　李忠华
钱美平　王　飞　王毛毛　王伟华　武　龙
许　海　杨海兵　张　苑*　郑碧海　骆乾坤*
潘彦燕*　潘扎荣　宋胜丽*　唐　甜*　王小刚
杨　磊　杨　运　叶　鸿　袁文波　章艳红*
王凯兴　黄　倩　汪　恺　吴珍云　徐榕焓*

许 刚	曹东方	甘宇宽	何佳佳*	卢 毅
乔恒君	万佳俊	王惠敏*	王益壮	吴 强
徐乃芳	袁 亮	张明瑞	张 勇	周健华

2009 级

陈强森	董军林	吴咏敬	张 振	陈 博
陈 刚	陈 辉	陈进全	单鸣良	董宇婕*
付怀林	龚德奎	杭 程	洪文涛	胡光云
黄建学	黄品赟	雷焕玲*	李成祥	李玉成
卢秉楠	罗 兰*	潘 峰	舒徐洁	孙高远
孙洪涛	孙快忠	所颖萍*	王朝华*	王鹏鸣
吴 洋	吾尔娜*	杨 振	张怀峰	朱国伟
都 凯	黄 卉*	李子波	罗 超*	潘谋成
孙平安	李二恒	王 尹	吴 聪	陈晓飞
金 明	李继涛	李孔森	李颖洁*	刘 峰
吕赟珊*	马晓东	马绪宣	倪 俊	秦永鹏
沈 礼	王道华	吴海林	许崇华	闫 兵
叶良文	张海峰	曹张军	何菡丹*	雷 明
罗 跃	孙晓敏	童 心*	王冬青	韦健飞
吴睿奇*	杨新星	周金金*	冯尚杰	任海涛
王 丹*	向庭富	刘友祥	孙义程	张立虎
郑智杰	毕 港	丁蓬莱	顾 凯	姜玉平
蒋 鑫	彭寿龙	席 均	徐 杨	于生飞
赵洪岩	蔡晶晶*	蔡 磊	陈 辉	段朝峰

郭荣华*	侯　军	李吉人	刘　超	刘　玲*
汤志刚	王寿宇	王玉海	谢　旭	杨　豪
俞　昊	张伯声	周　丹*		

2010 级

冯润海	毛小林	徐树斌	安　慰*	陈霞玉*
胡潇潇*	贾儒雅	李友连*	刘　磊	刘　潜*
刘鑫鑫	刘　铮	孙　浅*	王　浩	王利超*
吴赫嫔*	夏　炎	谢银财	徐　斌	于　文*
俞　恂	左书豪	丁　腾	李　慧*	魏晓椿
吴　明	徐　敏	朱　辰	陈文建	张彦伟
敖小平	陈国华	戴　勇	高　亮	耿小库
何玉红	胡钢燕	黄建村	黄新曙	孔凡斌
李国庆	李小明	李晓彬	廖绍平	刘荣洪
龙立学	罗　皓	罗　梦*	毛一铮	门清波
欧阳海金	彭来明	石祖峰	孙　闯	王利平
王　敏	王荣明	王天宝	温　斌	熊长林
熊　伟	许少清	姚金龙	袁良浍	赵　磊
陈　荦	崔凯鹏	丁　昊	付登伟	李　蛟
潘　田*	谢一凡	杨　晨*	杨建龙	张　蔚*
郑　菲*	何天辰	胡　镕*	李　坤	王洪作
余志强	陈　锰	龚艳萍*	朴海涛	杨尖絮
朱婷婷*	付安学	胡谢飞	黄彬彬	孙义杰
王　鹏	王　双	杨　荣	周扬一	白灵麒

陈泓臻*	谷　彧	何景文	胡加斌	黄文清
李　响	卢晓萌*	毛韵喆	裴文明	商　力
沈征涛	孙　可	孙　瑛	王少华	王树州
王哲成	吴文博	熊海晶*	严珺凡	姚　遥*
张　飞	张　勇	张忠兴	燕晓莹*	

2011 级

李长波	徐　立	曹　晗	常　超	陈顺勇
程宠照	单芝波	董长春	荀　菱	韩金廷*
郝文刚	黄芳芳*	姜　玲*	李　娟*	李敏业
李秋金	林安均	罗　鸣*	缪柏虎	倪春雨*
曲长伟	苏　阳	孙法俊*	汪　希*	王兵杰*
王　迪	王国昌	王秋玲*	王贤梅*	邬　斌
吴龙华	徐　磊	徐颖峰	晏　雄	杨　洋*
曾子华	张文国	赵姣龙	周效华	朱翔宇
朱志勇	陈宇亮	巩伟明	李苗春*	施春华
吴　浩	张　婷*	朱莉莉*	张朝凯	周　巍
陈小勇	崔　翔	龚咤云	景先庆	刘洪升
王补峰	王　开	王世朋	王志辉*	严文婕*
张　猛	郭　健	李荣富	钱嘉伟	孙　科
唐　钊*	肖安林	岳松梅*	张多纯	朱愿福
刘光鑫	刘　鑫	欧阳冰洁*	杨玉珍*	张　涛
赵梦琦*	曹　弼	程梦林	郭　超	李慧鑫
邱佳荣	宋占璞	孙海泉	童恒金	韦　智

吴焕然	吴汶垣	羊梅莉*	姚羲和	虞　翔
张昊宸	周　臻	白　莹*	崇　毅	高　雄
洪娇娇*	路　睿	任凯杰	鄢丽芬*	周春慧*

2012 级

宋子文	孙晓晓*	信丹华*	周　文	陈　昕*
陈　乂	储小东	邓　松	丁　明	高红梅*
黄　勇	季　灵	居维伟	李　芬*	李　富
李　青	罗金林	罗先明	冒福根	潘大鹏
庞润连*	彭正泉	青　龙	沈林伟	孙金柱
涂金飞	王小均	韦德贵	温宁宁	吴海光
吴明皓	肖　億	肖永泉	谢振东	辛　宏
辛田军	杨堂礼	杨泽黎	袁振国	张　迪*
张鸾沣	张平艳	张　乔	赵　凯	赵增霞*
钟　浩	周　伟	周雪瑶*	诸泽颖*	李石磊
孟先强	孙泽航	张世涛	张兴雅*	周卫明
崔　键	陆远志	马丽凤*	任星民	王静强
翟亚忠	张　文	邹　旭	曹少华	高燕维
焦友军	吕雪艳*	乔冰清*	乔文静*	吴　鸣
吴庆乐	曾德彪	张　弛	郑玉虎	傅丽雯*
兰鸿锋	卫　炜	赵友东	李　磊	刘　欢
王兴元	吴淑娟*	徐金覃	段成龙	黄立明
雷长征	吴静红*	张　驰	张崇波	张云聪
周殷康	朱世煜	邹明阳	曹鼎峰	陈梦芸*

陈为平	戴雅洁*	独莎莎*	费　冰	冯燕生
蒋　伟	李长圣	李明霞*	刘开斌	陆　叶*
吕菲菲*	时国凯	史卜涛	史雅栋	宋　震
锁沛斯	汤中一*	王　栋	王　浩	王宏宪
王　兴	徐　辉	徐　莹*	喻光晔	张　帆
张　琦				

2013 级

夏　晗	徐弥坚	周稳生	白利娟*	曹彦荣
常斯敏*	陈浩文	陈文迪	陈振宁	但小华
杜昌法	顾建峰	韩延庆	韩　中	黄旭栋
居　易*	李　利*	李　林	廖光英	刘丁丁
刘青帝	刘　容*	刘远红	罗　青	蒙智宇
漆富勇	权　富	万　野	王睿强	谢思文
杨连伟	于　进	于　全	张春晖*	张凤凤*
张　伟	张喜松	张　阳	郑　力	钟　源
朱书奇	鲍　睿	达佳伟	高守业	李　涛
刘　飞	邵文静*	孙　晟	陶柯宇	黄仁波
古再丽努尔·外力*		焦文军	李　霞*	宋美佳*
颜朝磊	苑京文	张　禾*	钟凌林	曾洪玉
陈　欢	陈亚妮*	邓亚平*	董姝楠*	贺小桐*
刘登峰	米　东	莫龙庭	王朝炜	王艺伟*
余期冲	张浩佳	张　烨*	高　爽	魏广祎
张　丽*	陈笑夜*	姬　翔	贾新驰	吕明阳

汪 伟	张 弛	朱 猛	朱 臻	揭 奇
刘宝生	卢广亮	时以亮	唐 伟	汪义龙
王德银	张诚成	张 军	周圣骞	卞世琳*
曾 俊	车 晶	陈焕涛	丁玉涛	董晓庆*
侯光星	侯儒林	华敏杰	解惠婷*	雷继辕
李 建	李明慧*	李肖南	李筱宛*	刘少林
马 茜*	欧阳斌强	佘骏宽	宋 靖*	王冠群*
王振玉	韦玉超	吴亦文*	徐 丹*	徐 宁
徐炎达	徐宇峰	徐运达	杨 捷	杨若飞
张 云*	郑振宇	周 立	朱 昆	朱守兵

2014 级

韩 青*	王 晴*	肖 晶*	徐志刚	左 卿
卞霄鹏	曾 超	陈秋伶*	邓程文	冯绍辉
冯旭东	高丙飞	高 原	黄 宝	康 川
赖长金	李小飞	李 岩	李 洋*	凌 炳
刘 珺*	陆昀乔*	彭凌日	任庆庆	孙梓铭*
汪国华	王 斌	王晓宇	王 耀	危志峰
向 路	喻思斌	张晓科	张雪艾*	张月霞*
赵 旭	周 博	周登赟	朱安冬	苟文贤*
季馨婷*	李晋宁	林施如	王婷婷*	胥 畅
杨 洋*	姚曦智	张子洋	宫巨嵩	刘 念
曹玉闯	方 婷*	解思伊	沈淑鑫*	闫浩洁*
余 梦*	张波兴	朱 鑫	资金平	陈 雄

陈志慧*	李宵慧*	廖朋辉	罗跃辉	莫绍星
宋　健	王　莹*	熊小锋	易升泽	尹　鑫
张　涛	张中三	周　盈	周宇超*	薛玮玮
陈　军	何梦佳*	林　川	刘亚丹*	孙振孟
吴　闯	向婉丽*	张　蕊*	陈晓雪*	贾立翔
李　博	苗鹏勇	孙利萍*	徐士康	姚怡光
尹建华	张其琪	周　发	曾绍洪	陈冬冬
陈志国	董文文	冯　伟	华　健	季婷媛*
贾　莹*	姜丽丽*	蒋　凡	靖盼盼*	寇晨辉
李　煜	林红雨	刘　超	刘　鹏	刘　洋
马维俊	孟志浩	孙凯强	孙　逊	唐　宁
唐心煜	汪其超	王　斌	王嘉诚	王　鹏
王小敏*	王雪帆	温亚楠*	吴培培*	许志敏
袁　彬	张　锐	张　振	赵德振	赵帅博
郑　杨	周远航			

2015 级

曹　旭*	付　裕	苟　涛	王海波	陈　伟
迟　哲	豆浩然	杜德宏	段谟琳	傅焓埔
高　秦	郭　琦*	赖亦君	兰正卿	李军勇
李文生	李晓宇	齐祎勃	刘高峰	刘芮岑
彭琳琳	彭　毅	彭中用	钱振义	秦　欢
施金华	田恩农	王茂华	王书舟	王小敏
王正军	魏　锦	魏　滔	叶　辉	张丽莎*

赵书高　钟千方　周华　周祥　朱光磊
朱强　洪冬冬　开炜　李成龙　李来峰
刘标　彭弋倪*　孙明照　王晗*　张景坤
郑邦　邹杨浩　靳赛*　杨子潇　刁志鹏
方少之　顾筱彤*　何智远　秦世欣　芮小东
徐翔　郑重　卞荣伟　曹彤彤*　丁明皓
韩小强　卢媛*　聂慧君*　彭伏*　石文莉*
吴玲玲*　赵晓晴*　周妮*　朱建友　朱洁羽*
陈成　姜鼎盛　金鑫*　李萌　李勤
张佳星*　张爽　张依欣*　郭书兰*　何志成
李运生　刘昌黎　骆晓伟　缪长健　吴方东
游洋　张磊　张岩*　赵万里　曹萌萌
陈亚生　丁大勇　段超喆　方浩　顾颖凡
海那尔·别克吐尔逊　胡磊　冷挺　李飞
李怀辉　李雪华*　李泽华　梁小龙　林培贤
刘兵　刘汉文　刘敬维　刘岩　马佳玉*
马楠佶　马学勇　梅世嘉　孟彦丽*　任永乐
沈立洪　史一鹏　唐一率　王德洋　王睿
王伟　王宜安　闻继飞　吴海祥　肖瑞
许星宇　姚炳宇　张超　张弛*　张春光
郑帅　朱泳

2016 级

艾米尔丁·艾尔肯　田荣松　冯旭平　韩存瑞

吕天阳	陈德亮	陈光弘	陈士海	党　奔
杜佛光	高婉露*	何国建	何　叶*	姜　辛*
况沅忠	李洪斌	李银川	林　蕾*	刘　晨
刘　传	刘　峰	刘　莹*	刘　政	欧阳凯
潘　飞	丘　靥*	邱杨杨*	帅　康	司加鑫
汤文婷*	万　乐	王方芊*	王奕菁*	肖军军
薛　荣*	薛伟伟	薛笑秋	姚希柱	叶加鹏
袁　悦	张　鑫*	杜夫瑞	付渊艳	郭　超
刘　阳*	马小祥	莫昕欣*	牛　童	庞　洋*
宋　笛*	王浩贤	王　岩	夏刘文*	陈　迪*
王旌羽*	王盛宇*	陈　瑶*	苟乙人	金田龙
李法浩	李　治	罗　希	王逸琼*	周　勇
朱小艳*	暴世康	董　健	胡慧君*	康学远
廖　晴*	骆　勇	侍孝瑞	王　毅	许兆鹏
杨　平	尤　楠*	张　爽*	周雨婷*	刘　斌
白英生	柴锡炯	方礼桦	张迎春	种亚辉*
周梦梓*	李昊达	李胜杰	刘苏平	刘　羊
王宏胜	王田丁	赵沁华	陈　卓*	程　健
方　冬	冯晨曦	郜泽郑	龚雪强	巩学鹏
顾　倩*	黄天一	焦浩然	李佳程	李金峰
李金文	李乐乐	李明洪	李　琦	厉成阳
刘子文	鲁俊杰	那晓云	任家涛	孙启程
孙　鑫	汤　强	田　震*	王林龙	王　鹏
王　威	王相超	徐林湘	徐其良	许　林

尹黎阳	余家旺	苑小辉	张晓宇	张长宇
张　政	郑　兴	周谷宇	周　群	朱　宝
朱晨光	主　灿			

2017级

郝识杰	田慕雨*	徐　震	朱致远	曹彦清
崔子明	丁　睿	樊柏成	樊春晓*	范广全
范力鸣	官艳华*	洪宇飞	贾鸿阳	蒋　威
焦雪松*	雷祝梁	李洁雅*	李　伟	李小龙
李雪姣*	刘　斌	刘富华	刘　茜*	刘　涛
吕少龙	穆合塔尔·麦麦提尼亚孜		佘加新	孙福宁
陶湘媛*	王璐璐*	王　硕	王元培	吴森昊
夏芝广	肖路毅	邢海雪*	熊　勇	徐　航
杨源显	杨重洋	张　楠*	赵丹蕾*	赵凯鑫
周维法	朱　峤	高国辉	胡圆峰*	李旭明
李咏芳*	罗　铃*	马　强	瞿书逸	王　昭
杨　阳	章李洋	朱晓雨*	陈湘远	田坤烜
田庆羿	曹胜楠*	李　甜*	刘　军	刘欣宇
倪兴华	普腾飞	徐琛琛*	朱米西	陈梦佳*
高鑫宇	郭琼泽	贺新月*	兰　天*	乐　凡*
刘文月*	罗　冉*	彭锦潇	王慧婷*	郑俊丽*
钟乐乐	宗成元	陈　慷	刘若琳*	邱　晨
李伟洁*	李晔帆	倪昊然	齐　浩*	邵春景
魏华敬	谢约翰	岳　娜*	曾　浩	段新春

解朝阳　　金志伟　　李晨东　　吕　超　　马新雨
吴海颖　　张　松　　张晓明　　白　杨　　曹剑秋
陈嘉傲　　冯洪川　　高雨龙　　顾　迪　　韩贺鸣
郝　瑞　　何以专*　　黄鉴明　　黄　磊　　黄靥欢*
李豪杰　　李月婷*　　梁立唯　　林　銮*　　刘　星*
刘雅文*　　刘　洋　　刘　语　　刘芷彤*　　秦　岩
桑宏伟　　陶佳辉　　王东伟　　王瑞君　　王　玥*
谢中识　　徐　达　　杨　鹏　　姚东方　　俞良晨
张丙树　　张厚胜　　张　路　　张婉玲*　　赵建新
赵文凤　　郑博宁　　郑　剑　　朱　锋

2018 级

毕雅菁*　　石　静　　张卓然　　陈惠娴*　　董　戈
韩　亮　　韩紫嫣*　　黄　迪　　黄擎煜　　黄　煜
李佳泰　　李晓玲*　　李艳芳*　　刘　显　　刘晓文
刘昕羽*　　刘运超　　汤志敏　　王思梦*　　王雅迪*
王圆元　　武现伟　　闫伟豪　　张慧丽*　　张笑宇*
赵　茜*　　郑世帅　　智　俊　　陈　辽　　郭　柏
何沐飞　　李全坤　　刘佳辉　　刘金超　　欧阳盛辉
彭精诚　　秦　洋　　任静丽*　　邬冠群　　徐向春*
周　强　　代　军　　黄明立*　　申博恒　　王　瑞
葛家成　　李　玮　　刘珈硕　　任　俊　　孙朝晨
王富军　　许石华　　周　腾　　陈俊颖*　　杜建雯*
贺玉琪*　　李政宇*　　刘艺超*　　陆　玥*　　邱如健*

邱文杰　沈　逸*　杨志东　尤斌昊　张小茅
周　铮　闵思雨*　程永贤　崔向杰　方思源
杨庚兄*　张晓宇　张英杰　戴佳铃　何健辉
林朱元　刘海波　刘俊东　荣德政　吴　冰*
余兴建　张　博　张玉萍*　安　蔚　陈家康
陈　钦　陈招旭　戴　鑫　方袁江　房双艺
郝　天　何举龙　侯壮壮　黄佳晶*　贾雁捷
寇玉冬　李呈亮　李　昊　李济琛　李一雄
刘　辉　路明浩　倪钰菲*　潘　波　宋　锐
王　波　王家琛　王　坚　王　涛　王宛玉*
王勇强　吴冠中　吴　涵　奚成朋　肖　潜
徐传益　杨晓蔚　张　琦　张　鑫　张　杨
张振宇　章　勇　朱　遥　朱雨辰

2019 级

李中源　王兴露*　杨明翰　陈博洋　程飞越
董小龙　甘　凯　何　晨*　何　阳　黄　玉
靳文楷　李绪龙　梁昌鸿　刘冰琪*　刘家璇*
罗祥龙　冉一早*　汪　瑾*　王俊霖　夏长发
熊　巧*　余亚莉*　郁一帆　张　凯　赵连庆
赵亚杰　郑范博　郑志翀　蔡　洁*　冯一夫
马腾飞　王　煜　谢　奎　徐哲文　许义江
袁　彦*　张家铭　张宁远　张夏冬*　郑　栩*
冯　倩*　李小铭*　周　敏*　邓　聚　金登奎

李炳曦	李盈莹*	卢靖雯*	聂 维	司 杨
姚 尧	查日环*	陈丹红*	党 磊	高靖勋
胡浩鑫	李小兰*	吕盼盼*	毛成君	沈 时
孙晓卓*	王泽斌	于晓露*	张 琦*	殷一盛
徐雯峤*	姚 骠	董聪慧	李 超	林宗泽
施家杰	向伏林	姚 璐*	张宸玮	张 悦
张祖阳	章 校	钟 鹏	蔡 兴	程 伟
程瑶佳*	代 亮	邓龙传	邓 禄*	冯小川
郭君仪*	黄梦园*	靳伯阳	乐天呈	梁 钰*
廖 科	刘 涛	刘晓波	刘拯源	卢 宇
吕家尧	马春龙	马洪志	孟 圆*	任 康
商雨婷*	孙好想	田恬*	王 波	王泓博
王 静	王 岳*	王志恒	韦 超	魏 壮
夏国庆	谢 斐*	徐 靓	杨 硕	殷 俊
袁东明	张春新	张利伟	张南方	

2020 级

艾鑫宇*	段昕昊	范楚涵*	丰志杰	苟树林
李巍巍	李 鑫*	李宇琦*	梁誉康	刘学敏
鲁文文	马 鑫	万 谦	王学颖*	夏 祥
熊定一	徐浩然	杨子舟	于汇洋	张凯涵
张 浪	张 胜	张道姬*	张艺秋*	赵思狄
赵雪培*	周明召	周 威	朱原峰	管祎亭*
刘孟南	聂浩阳	聂宏达	沈 泽	谈昊林

汪昱辉	王英琪*	徐　丹*	张瑞杰	周雪航
陈素霞*	何行健	鲁铮博	宋英凡	徐　琪*
周建林	杜宇烽	李金响	李沛东	林灿楠
刘丹阳	苏文昊	王　悦*	张家恺	石宇通
柯伟杰	俞志航	张　曦	常丰年	贺婉慧*
李　祺*	蔡兆麟	曾照军	范观盛	李俊鹏
刘喜凤*	刘祖玺	史淞戈	王鹏斌	王　翔
周效民	刁文钦*	杜卓然*	扶晓琴*	黄鸿蓝
刘润芝*	马欣程*	宋美钰*	吴可迪*	张火链
周笑笑*	陈　卓	程培洋	董家君	杜方舟
付士崇	耿　焕	黄星星	江训才	姜　霖
李柏江	李关洋	李佳宝	李　杰	李　奇
刘佳峻	刘天翔	刘　威	马佳骏	马　建
马　卓	孟胤全	潘彦文	彭超林	彭　阳
戚海博	乔　梁	权雪瑞*	邵俊晖	田之霖
汪景涛	王　瑞	王　政	姚俊成	袁　冰
叶迪力·努尔兰		张大展	张鸿勇	张思思
张媛媛*				

博士研究生名录

1982 级

杨树锋　　顾连兴

1983 级

陈胜早　　叶　瑛　　陈　骏

1984 级

贾承造　　徐士进

1985 级

王良书　　贾　东　　虞子冶　　杜杨松　　华仁民
周怀阳　　胡志宏　　程　海　　翟建平　　王志宇
汪　耀　　汪　新　　王益锋　　尹　琳　　朱正书
杨　浩

1986 级

王　超　　杜定全　　张逸昆　　夏　斌　　陆建军
郭继春　　刘　聪　　孙晓明　　马东升　　王玉明
徐夕生　　王学成　　刘继顺

1987 级

孙树林　　周会群　　郭召杰　　舒良树　　薛爱民
王海峰　　邹泽远　　陈繁荣　　陈衍景　　倪　培
朱恺军　　胡　凯　　凌洪飞

1988 级

李鹏举	张世红	陈　伟	冯洪真	刘松玉
胡明兵	朱云鹤	王新光	黄　标	季海章
卢　冰*	牛贺才	沈　吉		

1989 级

张伯友	施泽进	余金龙	邱检生	邹海波
金持跃	孙冶东			

1990 级

郭明生	戴春森	周凤英*	徐跃通	杨荣勇
闫　明	郭随平	闫吉柱	张建华*	张志辉
黄永林				

1991 级

万玉秋	张开均	蔡东升	陈子炓	许玩宏
丁多文	吴吉春	陈征宙	施　斌	沈忠民
何金祥	徐　兵	杨书桐	何　江	吴长年
陆一标	陈迪云	崔可锐	何建坤	葛中华

1992 级

王志洪	孙克让	阎长虹	于　昕	朱法华
熊小林	于津海	周建平	季峻峰	刘家润

石火生　李　成　张庆龙　周文斌

1993 级

陈小明　郑乐平　徐兆文　解庆林　魏元柏
孔庆友　简文彬　吴世敏　徐绍辉　张永祥
陈培荣　杨东生　吕洪波

1994 级

刘红樱　丁　阳　董传万　唐红峰　周　兵
徐文艺　李　杨　曲晓明　许红忠　张廷山
郭震宇　谢晓安　宗国洪　沙　拉（苏丹）
何建坤

1995 级

刘海岭　朱　斌　陈新民　娄仲连　陈余道
张　勇　徐　华　邢光福　陆现彩　胡恭任
万　玲*　王湘云

1996 级

卢新卫　陈楚铭　范湘涛　张喜慧　周志芳
杨祝良　倪红革　金章东

1997 级

黄小龙　李武显　杨瑞东　黄　海　汪明武

吴剑锋	章杨松	张传林	朱立华	陈炳辉
符　琦	黄建华	李福春	李本亮	刘建立
王国强	王心源	魏国齐	钟志洪	

1998级

陈　荣	陈　旸*	张建新	范洪海	陈世忠
邱爱金	刘　毅	韩　非	周念清	钱家忠
孔兴功	曹辉兰*			

1999级

范立亭	李德平	李晓峰	王志成	盛雪芬*
钱迈平	滕润球	王　敢	陈庆春	陈　新
方　杰	卢　龙	任作伟	于建国	张立昌
张　顺	刘连文	罗兴章	张　辉	李　华*
王贵玲	王　勤*	钟康惠	蒋建平	

2000级

蔡元峰	胡中平	黄建平	肖惠良	袁旭音
龚育龄	刘　波*	潘明宝	王胜利	阎福礼
王浩然*	毛松林	巫建华	胡　欢*	刘晓东
毛鸿丽*	孙　涛	徐　芃*	张文兰*	曹双林
韩作振	王洪涛	吴江滢*	邓　平	葛和平
郭　建	侯志强	解国爱	印栋浩	郭　飞
王宝军	姚志祥	庄乾城	彭新建	

2001 级

李广月	楼法生	华建伟	刘志彬	林锦富
刘文中	吴昌志	周丽娅*	张智礼	陈海云
陈运平	管路平	刘绍文	米　宁*	沈　扬
王佰长	王秀娟*	魏东涛	薛　冈	余心起
朱文斌	王光亚	叶淑君*	张　丹	王金平

2002 级

曹　剑	侯明兰*	王永在	谢　昕	张学才
张展适*	赵葵东	朱东亚	吴昀昭	夏　菲
杨海林	丁增勇	杜惠平	匡朝阳	钱桂华*
孙树文	张　所	赵世龙	钟　锴	邓小鹏
丁　勇	高俊启	刘军熙	祁长青	孙斌堂
孙振波	王　敏*	许宝田	祝晓彬	

2003 级

陈永权	董少春*	宋玉财	王孝磊	姚春亮
姚军明	张爱铖	张遵忠	谢财富	赵　良
李　明*	陈竹新	杜菊民	李才明	刘志明
陆黄生	王　彬	王　博	蔡　奕*	陈　彦*
胡建平	施小清	王士军	陈卫锋	蒋学鑫
张　敏				

2004 级

顾晟彦*　　陆慧娟*　　谢　磊*　　张　军　　周跃飞
刘文斌　　夏学齐　　史宇坤*　　闵　斌*　　王　璐*
张　鹏　　王大勇　　戴宝章　　李艳平*　　范　明
高元宝　　江思珉　　马　骥　　隋海波　　许　崧

2005 级

李风玲*　　施林峰　　陶国亮　　汪传胜　　徐士银
杨　涛　　郑远川　　胡增辉　　黄　河　　孔祥龙
刘汉乐　　朴春德　　唐朝生　　王玉英*　　魏广庆
肖　琳*　　郑　军

2006 级

胡　建　　刘吉强　　饶　灿　　唐俊华　　张芳荣
陈少华　　茅昌平　　宋世明　　彭　进*　　邓兴梁
冯昌格　　慕德梁　　仝亚博　　于大勇　　张祥云
祖辅平　　刘显东　　吴卫华　　彭正琼*　　童蔚蔚*
张军涛　　张　科　　郭军辉　　姜光辉　　宋　震
朱友群

2007 级

丁俊英*　　高丽坤*　　郭维民　　贺振宇　　黎广荣
李红超　　李艳丽*　　廖世勇　　王丽娟*　　王旭东

杨小男　　李高军　　龙晓泳　　宋垠先　　姚春彦*

曾庆涛　　陈　萌　　韩孝辉　　李海滨　　李忠海

罗　良　　苏金宝　　闫文波　　张志勇　　郑连弟*

葛　璐*　　李　达　　吴世艳*　　王　操　　王　刚

徐红霞*　　杨　靖*　　黄璐璐*　　杨　侃　　侯晓亮

邵玉娴*

2008 级

车旭东　　李春海　　李　响　　李　真　　汤晓茜*

王建刚　　王天刚　　王小林　　余明刚　　禹　尧*

曾　罡　　赵海香*　　周　清　　朱　碧*　　朱筱婷*

丁　海　　冯进来　　韩善楚　　李丽霞*　　鲍学伟

胡　博　　黄周传　　李一泉*　　孙　斌　　徐先兵

周　枫　　陈　曦　　刘晨晖　　胡　鹏　　凌成鹏

桑燕芳　　夏　源　　李光来　　尹　坤　　张雪芬*

高　磊　　刘　瑾*　　邢崴崴*

2009 级

蔡逸涛　　冯　慧*　　雷如雄　　李　娟*　　时　毓*

孙学娟*　　王国光　　张　妮*　　张　霞*　　周　洁*

丁海峰　　何　同　　姚　远　　王文卉*　　颜世永

王　攀　　向　磊　　徐飞印　　袁　伟　　朱晓青

陈天宇　　胡　广　　曾献奎　　方　瑞　　贺根和

梁修雨　　廖凯华　　王　佩*　　吴海燕*　　杨　蕴

张亚平*	张　燕*	曹仁雷	单　楠	马野牧
曹　亮	刘　春	刘裕华	邵　勇	索文斌

2010 级

陈　洁*	陈　伟	顾海涛	何兰芳	罗小星
马　亮	徐耀明	杨水源	尹　蓉*	章荣清
赵　超	蔡　杨	焦　堃	王　成	陈希节
黄　晖	李军鹏	陶　麟*	王毛毛	王　莹
杨江峰	郑碧海	骆乾坤*	王小刚	杨　磊
叶　鸿	袁文波	张　亮	章艳红*	赵振华
王凯兴	黄　倩	汪　恺	卢　毅	

Slafique Ahmed Junejo（巴基斯坦）

2011 级

陈　博	陈　辉	程顺波	黄兰椿*	李　斌
李成祥	刘　亮	舒徐洁	于海燕*	左昌虎
何梦颖*	李子波	刘　锐*	罗　超*	王　斌
王振超	赵万苍	葛荣峰	何雅娟*	李志刚
马绪宣	沈　礼	王　玺*	张　振	张志荣
常　勇	曹张军	罗　跃	潘扎荣	孙晓敏
童　心*	万　宇	张　雯*	赵　洁*	冯尚杰
王　丹*	肖　娥*	陆志均	吴珍云	张立虎
顾　凯	郭　亮	熊志勇	徐　杨	

2012级

安　尉*	陈　干	陈文建	丁　腾	何景文
胡旭芝*	李细兵	廖志伟	刘　磊	刘　寅
刘　铮	毛小林	裴文明	孙　闯	孙高远
王　浩	王利超*	王彦君	魏晓椿	温　斌
吴赫嫔*	夏　炎	徐　斌	姚金龙	尤东华
俞　恂	袁东勋	张文防	张文涛	张　勇
赵理芳	朱　辰	左书豪	程　洲	廖爱民
卢德宝	谢一凡	杨　晨*	郑　菲*	朱慧娈*
陈　锰	崔何亮	谷　彧	李　坤	沈征涛
孙　可	孙立强	孙义杰	王洪作	王哲成
严珺凡	余志强			

2013级

常　超	陈小勇	崔　翔	黄芳芳*	黄　铿
景先庆	李　娟*	刘洪升	刘建强	刘　鑫
倪春雨*	潘君屹	饶轶群	施春华	孙　超
孙俊俊	王　迪	王国昌	王艳华*	文宇博
邬　斌	徐文景	徐颖峰	许怀智	晏　雄
杨玉龙	张朝凯	张　婷*	张　勇	赵姣龙
赵　涛	周金虹*	朱翔宇	朱志勇	白　莹*
程　宇	李炳蔚	李荣富	尚晓三	宋　云*
闫中月	赵雨晴*	程　刚	方海东	何清雨

亓军强　宋占璞　孙　茜*　孙义程　熊　飞
赵梦琦*

2014级

白　涛　鲍　谈　陈　昕*　崔　键　费利东
康　逊　李石磊　李肃宁　刘　欢　陆远志
孟先强　庞润连*　青　龙　沈林伟　王静强
王小均　卫　炜　吴海光　吴武军　谢文逸
张　文　赵　凯　赵万伏　赵增霞*　周　巍
周卫明　周雪瑶*　周耀明　诸泽颖*　曹少华
侯玉松　庞宇峰　乔文静*　宋　震　吴　鸣
杨　运　赵小二　曹鼎峰　董盛时　李长圣
史卜涛　王　兴　吴静红*　武　伟　张培兴
周殷康　赖　文　马安林　朱仁智

2015级

陈莉莉*　达佳伟　韩　中　胡　晶*　胡忠亚
黄丁伶*　黄旭栋　焦文军　李　超　李　利*
李　涛　宋美佳*　苏　琦　陶柯宇　万　野
汪　伟　王睿强　魏广祎　夏　晗　徐永江
颜朝磊　杨若飞　俞　昊　张柏林　张凤凤*
张　强　张世杰　张喜松　钟凌林　钟　源
邓亚平*　董姝楠*　刘登峰　刘　进*　时延锋
孙凯璇*　徐鹏程　何国峰　吕明阳　王　涛

燕晓莹*	张　弛	周丹坤	李　乐	任　超
尚　升	徐小青*	许艺炜	张　贺	卫云波

2016 级

鲍　睿	范明森	范小根	苟文贤*	郭荣华*
黄仁波	黄文清	解德录	李兴奎	李　岩
林施如	刘胜军	刘　伟	孙梓铭*	王婷婷*
王俞策	吴海林	向　路	杨生超	张怀峰
张　阳	赵　旭	朱　峰	朱　鑫	宗美荣*
李凯旋	李宵慧*	陆　苗*	吕雪艳*	莫绍星
汪祯宸	张　迪	朱　辉	凡　净	高　爽
何梦佳*	贾新驰	李　莎*	刘　静*	宋金龙
温　亮	张诚成	赵　鹏	杭士晶	魏　宁
杨瑞钰*	杨兆钰*	张莹刚	李禾澍*	潘　玥*
王文琪*	孙梦雅*	魏文芳*		

2017 级

傅焓埔	苟　涛	洪冬冬	华　明	江凯禧
姜鼎盛	蒋昊天	李　超	李军勇	李来峰
李文生	李晓宇	斉祎勃	刘汉永	施金华
田恩农	王海波	王　尹	王　哲	魏　震
武梅千*	肖　凡	肖文摇	杨子潇	叶　辉
张景坤	张丽莎*	赵书高	左兆喜	曹彤彤*
李会锋	宋　健	邹鹏飞	孙振孟	辛韫潇

张　磊	蒋璟鑫	李雯雯*	李逸群*	宋振韬
张猛龙	张英泽	赵子豪	倪玲玲*	陶雨薇*
王子薇*	王天华			

2018 级

杜德宏	樊小龙	甘浩男	韩存瑞	黄林军
李成龙	李银川	刘　晨	刘　传	刘　政
罗　梦*	莫昕欣*	庞　洋*	帅　康	田荣松
王红菲*	王旌羽*	王盛宇*	王　岩	夏刘文*
胥　畅	徐弥坚	薛伟伟	杨　双*	张　鑫*
赵莹莹*	周中彪	康学远	薛　森	杨　平
郭书兰*	刘　博	刘苏平	王少华	吴　云
张迎春	郑　兴	周梦梓*	高　严	黄舒雅*
姜培霖	蒋昌宏	曲　扬*	王敬朝	王茂宇
王　野	汪　钏	吴晓丽*	修于清*	徐金鉴

2019 级

迟　哲	郭　超	洪文涛	蒋　威	李雪姣*
刘　茜*	刘　阳*	马遵青	穆合塔尔·麦麦提尼亚孜	
邱尔康	佘加新	孙福宁	田庆羿	王浩贤
王雅婧*	王　昭	温定军	夏芝广	徐海鹏
徐　航	徐卉清*	许雅婷*	尹子悦*	张宸嘉*
张　立	张文杰	赵家斌	钟　城	朱小艳*
朱晓雨*	陈　帅	郭琼泽	乐　凡*	刘文月*

郑俊丽*	韩贺鸣	李豪杰	李　勤	王殿龙
谢　涛	许文涛	张　爽	陈欣然*	崔健铭
孔恒志*	李斌晨*	李林森	穆　军	王　栎
翟晗朝	张　志	冯　立	鞠小斐*	刘梦雯*
刘　洁*	田本刚			

2020级

薄容众	崔向杰	邓　涛	韩泊宁*	韩紫嫣*
侯章帅	黄　煜	解思伊	刘珈硕	刘金超
刘晓文	倪兴华	欧阳盛辉	丘　靥*	曲　凯
任静丽*	申博恒	石　静	汤志敏	王堃屹
王书舟	王　韵	吴安彬	许石华	张　宾
张慧丽*	张笑宇*	朱　宁*	白英生	程永贤
董志浩	李　弘	刘　亮	吕　超	桑宏伟
苏浩天	王德洋	杨庚兄*	叶　霄	俞良晨
张　博	戴　鑫	邱如健*	宋亚霖*	熊贵耀
杨天梓	于汶晗	张阿龙	陈梓銮	程鉴如*
吉　聪	康健聪	李　超	刘宇童*	宋　芳*
孙倩元*	文　蝶*	吴寒婷*	吴亚妮*	殷　哲*
张金晗	郑健帆*	方　可*	高宇新*	厉　林*
杨战鸣	张泰银	陈　潼*	强思远	杨　柳*

本、专科学生名录

1924级

徐瑞麟　　张　更

1925级

袁见齐　　唐　廉　　蒋　溶　　汤克成　　朱熙人

1926级

李午泉　　姚文光　　陈驾欧　　汪国栋

1927级

厉鼎勋　　徐康泰　　南延宗　　孙定一

1928级

姜　贡　　马镇坤　　吴之璞　　上官俊

1929级

孙　鼐　　潘承祥　　张祖还　　史明奎　　殷维翰
林文英

1930 级

严坤元　　徐克勤　　郝颐寿

1931 级

吴希曾　　丁　毅

1932 级

毕庆昌　　吴述之

1933 级

黄　懿　　王超翔

1934 级

郭令智　　陈隶范

1935 级

陈　正　　何春荪　　姚瑞开

1936 级

游德培　　章冠环　　孙明善　　王　宠　　朱　夏
许勉文*

1937 级

张德仁　　业治铮　　萧楠森　　王　通

1938 级

余伯良　　杨庆如　　罗蛰潭　　李铭德　　张锡龄
丁传谱　　杜恒俭　　张兴仁

1939 级

沙光文　　夏西蒙　　马子骥　　姜达权　　阎繍章
马以思　　谌义睿　　楚旭春　　秦　鼐　　胡　敏
姜国杰

1940 级

王朝钧　　汪正然　　杨鸿达　　韩金桂　　曾天民
霍学海　　李毓英　　戴天富　　严济南　　朱自策

1941 级

徐启刚　　文振旺　　陈云基　　靳毓贵　　田在艺
仝子鱼　　吴崇筠*　　张传淦　　郭鸿俊　　张有正
李德生　　伍承祖　　黄显增　　吴经治

1942 级

胡海涛　　边效曾　　何立贤　　张瑞锡　　沈永和

尹淑慎	郭鹤龄	毕德培	李新民	魏　钟
杜辉耀				

1943 级

赵世彰	彭阜南	郝　骙	黄汉烈	李锡之
朱恒鑫	李　玶	季寿元	王鉴之	黄汉声
谭　彭				

1944 级

李伯皋	许靖华	金万林	何铭钰	陈锡奇
段承敬	刘宗琦	耿文博	黄庭柱	

1945 级

包　茨	谢继哲	陈克明	黄蕴慧*	董尚师
潘廓祥	谢振西	王万统	翁礼巽	段万倜

1946 级

张　清	夏其发	俞剑华	王德滋	胡光中
张群哲	姚常颖*	刘元常		

1948 级

岳　松	王拱辰	张本仁	钱祥麟	刘孝善
刘英俊				

1949 级（因国家需要提前毕业）

袁奎荣	黄汝昌	顾恩德	郦　诚	韩同蓉*
陈式夹	张永辂	张振儒	冯祖钧	陈兴尧
周维屏*	姜德厚	刘如琦	吴得辰	王志远
罗庆坤	俞鸿年	杨克昌	王崑一	宗　坚
吴延之	彭语林	沈建亚	徐华富	郭常达
杨同淦	徐树桐	刘家邦	杨国枢	甘盛毓
郑世恩	陆宗光			

1950 级（南京地质探矿专科学校）

王　平	卢良兆	潘启宇	陈祖海	胡肇庆
戴荣琦	魏寿麟	马腾蛟	袁道先	陆健雄
施鹏飞	杨少华	沈乐三	鲍　政	裘怿楠
钱勤立	赵乃文	王槐荫	马恒玮	谢剑鸣
盛世来	陶汉章	朱国华	俞济丰	陈　琦
蓝本洁	杜友仁	吴葆青	吴青山	关福喜
耿瑞伦	倪文栋	刘广润	滕礼进	朱安庆
夏公君	陈　和	冯贯一	姚国骧	陈寿先
朱　庚	陆盛鼎	吴华元	吴志源	胡志楠
甘克文	刘维中	闵　豫	万有林	张善桢
陈涌淼	吴震权	童华真	陈靖梅*	褚人杰
孙均鹄	王忠礼	吴昌功	刘　敏	林培铮
王文广	应凤祥	茅燕石	蒋传宝	张蛮庆

马继祥	赵光明	朱儒勋	蔡桂鸿	陈鸣遵*
方云坡	赵本桃	蒋其恺	潘　江	张成城
张文昭	景学立	谢　展	周学愚	王福泉
支秉仁	周广益	吕志良	杨怀彬	王宓君
杨汝谞	朱松元	王崇德	周煜谌	毛应藻
李学森	高明远	陶南生	陈泰源	陈定宝*
李行健	沈　匡	黄樨民	尹鑫九	唐永清
李崇佑	常永美	张永福	李　生	孙重炎
邢德良	陈韦鸿	强　斌	喻建新	赖启莲
林成辉	陈沪生	冯沛南	冯佩芳	骆炳华
陈鼎垲	徐绪荣	刘盛仁		

1950 级（因国家需要提前毕业）

丁贵春	王林海	王杭生	王钜谷	王道修
朱建业	李梅玲*	李庆塅*	吴书秀	於　庄
房立民	孙　枢	敖　玉*	张振洲	张曾湆
张璐瑾*	俞训豪	陈金洲	陈　武	陈沐秋
陈敏娟*	陈维辉	杨美娥*	雷克任	赵隆业
赵国华*	蒋明霞*	潘桓椿	顾昌祖	

1950 级

朱锡涛	吴望始*	吴敦敖	周志炎	施央申
夏树芳	柴本源	陈以洛	陈树盛	项礼文
叶尚夫	应思淮	罗正华		

1951 级（西北军政委员会委培）

丁忠荣	王文焕	王克新	朱俊亭	朱根耀
朱道中	任时选	李久成	李锡麟	何伯墀
沈觉仙	余　飞	余锦春	杜弘祖	吴永乐
洪宗朴	高敬亮	柴治溥	唐建文	韦新育
徐　萍*	徐迺安*	张文驹	张守韵	张祖寿
张遐龄	张焕璋	陈　科	郭子明	宁光武
邹培棠	叶仁畬	赵玉琛	赵生贵	刘汝瑜
刘崇安	蒋云龙	薛继琴*	庞振华	严恩增

1951 级

侯方浩	方少仙*	张才仙*	卢端淑*	周石金
顾雄飞	吴毓晖	鲍世强	施林道	张受生
韩　沅	方少木	王梦玉	翟人杰	李有恒
喻国强	陆麟黄	钱义元	张遴信	蒋福新
方大卫	鲍若英*	王文斌	罗谷风	沈修志
江龙因	甘幼鸣	陈兰生	童航寿	周　玖
龚诗渊	吴昭谦	杨安楠		

1952 级

丁　恺	丁中一	丁训范	王中刚	王木清
王丹群	王可昇	王玉珉	王明道	王浩铨
王绍冲	王培丰	王慎馀	王鲁伯	平宗藩

朱履熹	江　浦	江小舟	江琴生	伍瞻玉*
李　伟	李中海	李行敏*	李迎香*	李复东
李绍尧	李复汉	李肇芬*	吴雪华*	吴德真
何恃松	宋世桢	沈志高	沈张云	余泰勤
余希静*	吕在林	吕觉述	杜　贤	杜绍光
汪志芬*	周中美	周志华	周季安*	周德雨
林怡然	林树基	金祖德	金桂生	邵慧之
胡文兰*	胡炎基	胡炳祺	俞良铠	姚湛一
姚梦麒	姜步青	昂朝海	范廷兴	孙　钧
孙忠和	孙承科	袁重华	袁慰顺	袁兰生
徐　景	徐火盛	徐詠雪*	徐毓凡	夏连根
夏德馨	夏宪民	梁同荣	马庆章	秦光楷
秦蓉卿	耿德中	倪汉樑	陶复舜	韦思槐
奚玉笈	陈　苞	陈小炳	陈文益	陈金栋
陈淳福	陈兰端	张利民	张志信	张志刚
张志杰	张秉钧	张春林	张炳熊	张家荫
张超萃	张广明	张莲宝	张慧芬*	陆昌聆
陆祖雄	陆贤群	曹树华	郭　彧	庄振华
庄景良	许　畸	梅士杰	崔志训	常福渠
曹鸿水	黄延年	黄明驾	黄振华	黄登忠
黄崇轲	黄景行	汤正纲	程坤祥	华锡棠
强　凯	杨士望	杨文宗	杨兆宇	杨臣信
杨家传	杨逸恩	杨勤生	邹裕琪	贾润湑
达应泰	詹灿惠	赵　叶	赵存威	荣从律

荣惠仁	翟象林	虞钟錤	蔡　骥	蔡彩雯*
蔡乾忠	蔡嘉猷	刘五华*	刘启明	刘新三
刘徵瑞	刘继伟	郑恒有	郑淑芳*	潘清霏
潘德勳	邓万猷	邓永文	邓仲惠	钱佐国
钱柏年	钱家驹	欧阳昌泰	卢一伦	骆万成
谢先德	谢仰思	谢坤一	谢巧荪	薛道政
魏文开	魏启本	罗　承	罗会文	谭雪春
苏　安	苏庆荣	顾诵华	顾镛森	顾兰琪
龚　安	汪　京*	丁善鸿	丁钟鼎	于国梁
王　浣	王仲香	王守信	王有超	王仰之
王雨江	王素华*	王连琪	方宗贤	方品珍
方洽卿*	方家骅	方鸿琪	毛同夏	仇达曾
戈庆云	石乃荣	石泉森	石振华	包承德
史纯泉	朱益春	朱嘉壁	朱慕仁	朱学愚
朱学稳	朱鹏远	江富华	牟法根	牟锡林
阮　玮*	李　澍	李家钰	吴泉根	吴振中
吴毓敏	吴兰贞*	何　训*	宋云骥	宋辅民
沈宗武	沈德琨	余永良	冷　叶	谷九龄
匡有为	狄乾生	周志超	周明亮	周绍东
周云章	周继奋	林仁惠	林兆海	林建丰
金亨丁	岳文海	胡子同	胡春庭	胡尊红
俞辉群*	洪　鲤	洪玉辉	祖振球	郁中立
段元通	段永侯	宫宇春	哈承祐	帅兰智*
范敦银	范锡朋	孙家文	孙章诚	孙贤龄

高 明*	高 岱	高尧基	袁经祥	徐 奋
徐苕赛*	夏九生	夏仁杰	梁伯仁	马名元
秦永安	耿鹤年	凌泽民	桂 林	陈心浩
陈邦凯	陈君联	陈祖安	陈彦武	陈时鸣
陈梅惠	陈朝贵	陈寿应	陈德芳	张 球
张 道	张才生	张方詠	张世衍	张冬茹*
张志杰	张明泉	张保沂	张洪煦	张家骠
张新兴	张锡根	张锦章	陆秀凤*	陆建人
陆竟成	曹慈仁	康国琦	郭秉奎	庄 耆
屠之云	章光域	阎如璲	黄大明	黄立强
黄家煌	黄瑾瑛*	冯润德	冯嘉宝	汤庚祥
程 沛	程懋墀	曾浩然	曾渊深	童 鹤
舒天开	傅昌宁	富丽川*	杨全圻	杨国炘
杨瑞春	杨耀坤	葛玉玮	葛嘉成	葛福章
叶德华	叶丽祚*	邹小安	邹焕生	董贻平*
赵 骏	赵希青	荣棋城	刘育兴	刘春江
刘顾行	刘蔼如*	谈振青	邓顺宝	蒋本昌
蒋生荣	蒋幅星	樊颂华	诸其昌	钱孝星*
欧阳廷招	欧阳昆	缪振棣	钟时雨	戴竞波
魏宝山	韩修仁	庞渭舟	严沛漩	苏欲然
苏贻冰	顾宝和	龚德齐	杜少先	

1953 级

丁厚盛	于长有	于万苓*	方大钧	亓润章

方樟顺　　王玉美*　　王喜新　　王俊宪　　王思浩
王菊芬*　　王兆熙　　王鹤年　　王功保　　王新骥
王毓崇　　王锺珩　　王昌纬　　王国华　　王锦贤
王树三　　王凤鸣*　　王柏明　　王汝融　　王云皋
左培锦　　白盛安　　田学恒　　田廷珍　　朱崇祺
朱以广　　朱宝璜　　朱熊斌　　朱邦全　　任湘眉*
江洪良　　吴本羡　　吴永驹　　吴　锜　　吴自强
吴周林　　吕仲升　　杜　丁　　何道中　　李端珩
李良骏　　李友仁　　李听训*　　李清生　　李贵元
李国忻　　李明玉　　李康强　　李　义　　李春仁
李海林　　沈富明　　沈德麟　　沈江淼　　汪秋兰
汪玉麟　　汪德镛*　　阮　青　　周　瑞　　周祖丰*
孟运舒　　金正才　　金应齐　　邵志谦　　林庆让
林介灶　　林学清　　林少青　　尚延纪　　俞文柱
柳云仙*　　胡永嘉　　胡　德　　胡辅达　　胡文正
计玉梅*　　查俐嫱*　　范忠信　　夏慧英*　　夏国治
夏毓和　　奚永莲*　　高福裕　　高鸿来　　高维敬
高诚龙　　高龙先　　孙永明　　孙镛敏　　孙德英*
孙德彰　　孙秀国　　梁继涛　　徐启宁　　徐继康
徐天夫　　徐灼华　　徐其昌　　徐恒诚　　展荣明
常燕翼　　曹生林　　曹效吾　　戚正华　　陶　镕
许大川　　许国梁　　许德铭　　陈如涛　　陈宝华
陈树仁　　陈清辉　　陈和兴　　陈炳鉽　　陈久昌
陈善友　　陈华璋　　陈泽铭　　张笑男*　　张教育*

张泰华*　张维宏　张家望　张家元　张羽照
张源魁　张家炳　张美燕*　张雨田*　张寿荫
张其藻*　张荣英*　郭德琛　毕庶礼　盛中烈
黄体兰*　黄鉴聪　黄水泽　冯友华　黄巧珠*
黄汉章　黄全法　黄世杰　黄金水　彭清珠*
彭永石　程福保　贺慧珊*　万国财　葛绍琴
雷家濬　杨静华*　杨炳轩　杨桂生　杨锡勋
杨昌钰　杨惠南　叶如璋*　董怀猷　宁光璧
盖兆祯　邓德强　邓诗锴　齐一名　齐心田
齐开扬　赵九皋　赵自强　赵玉福　赵裕亭
刘思球　刘乐府　刘振德　刘涤尘　刘缔珍*
刘立民　刘菊如*　刘方训　刘凤仪*　刘文豹
郑颖煜　潘河生　欧元麟　刘以剑　谈炳根
蒋柏松　蔡尤电　蔡生活　楼凤升*　鲍振襄
钱立人　钱瑞梁　钱如根　鞠紫云　储振球
谢福盛　戴教森　魏梁鸿　苏健成　严济卿
顾善德　龚温书*　尤大鑫　尹　杰　戈彰宝
王远明　王松龄　王强忠　王爱吾　王惠忠
王命康　王家昌　石文斌　邓其根　包曼芳*
朱曰庠　朱根耀　任康华　江振玲*　江振炎
全望永　余友六　余匡华　余　霈　吴俊豪
吴洪昌　吴益翔　吴积埙　吴安丁　吴明生
吕一天　吕守安　杜学钧　宋正平　何文奎
何集福　何德全　李玉树*　李祥生　李道森

李善德	李永灿	李嗣瀚	李家祺	李宗祥
李梅林	沈才祥	沈国俊	沈益三	沈网大
沈静娴*	汪寿南	汪时敏	汪遗发	伯克栋
阮森森	周廷石	周炳源	周鸣皋	周震南
金汉祥	邱佩英*	汤德普	林连坤	邵　卓
林漪平	林　鼎	林诗烈	林康豪	林振添
林天瑞	林铭德	宫丕训	况以昌	屈定伸
俞　璧	俞启兴	姜天才	柳哲美*	胡永生
胡勤生	姚春柏	姚天强	姚振行	姚吉法
施志韬	范学成	唐　和	唐守恒	唐连琛
马永财	高连刚	高恒松	高双振	高善钧
孙翠玉*	孙素贞*	孙培清	凌敬生	徐菊娥*
徐文良	徐开信	徐生民	郝仁林	常美玺
章麟钧	曹学舜	陶继善	许自然	许铭文
许斐力	陈志强	陈柏亭	陈成宗	陈洛卿
陈端夫	陈帼华*	陈介福	陈锦尚	陈玉斌
张清芝	张妙鑫	张秀毓*	张重九	张复生
张俊生	郭一新	郭怀羔	莫群欢*	陆善祥
陆志坚	冯一平	黄肇涛	黄守谦	黄均定
黄启祚	黄堃生	黄春盛	黄径环	彭　莱
彭存才	彭家骏	彭绪道	乔荣贵	程慰祖
贾祥灶	虞九如	虞汤荣	杨炳文	杨基广
杨金丹	叶文芳	叶贵钧	叶汉栋	董天真*
路祥柱	熊世伦	翟礼生	赵多义	赵志祯

刘岳松	刘　宁	刘金象	郑启浦	郑邦生
郑荣寿	郑加恩*	郑小谱	潘世煌	蒋宗应
蒋福申	蒋德华*	蔡乾福	蔡尔芬	骆永发
卢仙透	钱祖铣	薛裕鹤	韩化安	戴荣良
戴良智	戴俊麟	颜汝俊	萧菁英	罗钦训
边平铨	阚顺章	顾慎农	顾明哲*	顾洪官
任章清				

1954 级

丁兆恒	丁延庆	方从才	王化荣	王文渊
王孔海	王利群	王宏祖	王筱侬*	王经世
王捡非	王朝楣	王德杰	王兴有	王继周
王韫玉	王凤泉	王瀛之	王观博	卞春芳*
卞耀祖	石　正	石礼炎	白启承	白蔻华*
田桂珍*	朱　芸	朱永宗	朱聿修	朱振品
朱惠中	朱雅琳*	朱碧虹*	朱耀祖	任芳璜
任祥泰	江木琳	江　仪	牟宗彦	曲衍绪
艾长兴	余定茂	余成华	余克梁	吴之暾
吴方成	吴方景	吴水波	吴永山	吴家聪
吴维仁	吴淑贞*	吴尉钰	吴贤铨	何美珠*
何耀基	李必琦	李均权	李家骥	李菊生
李贵麟	李开俊	李遵林	沈振丰	汪仁勇
汪朝选	汪德飞	周中一	周　位	周光华*
周桂兰*	周厚祯	周剑辉	周镇南	金立地

金德耀	邵延伯	邱允赞	林有则	林季庸
林昌江	林培汉	林贻顺	林冠英	林蔚兴
林荣全	林胜天	俞迪诚	俞宁子*	姜佩濬
胡如忠	胡维钺	郁启明	姚金炎	姚晨光
姚莲英*	姚晓众	姚剑辉	施纯溪	施满堂
昝一平	宣涤笙	纪春荣	席玉国	唐月琴*
袁克林	高荣兑	孙　圭	孙宗尧	孙广济
晏志明	徐天锡	徐定龙	徐志刚	徐无恙
徐贡珩	徐　勋	徐希麟	徐钧涵	徐锡元
徐国华	徐学常	徐毅声	徐龙翔	贡文光
修　鑫	曹才芸*	曹正心	曹淑德*	梅庆瑛
戚菊生	陶　正	许秀彬*	许连堆	许　群
陈上达	陈文良	陈　平	陈宗珖*	陈安康
陈理民	陈秀霞*	陈祥荣	陈时杰	陈荣辉
陈连道	陈诗褫	陈　煊	陈修玥	陈学才
陈德潜	陈聚兴	陈戴生	陈懿壤	陈鹏飞
张二朋	张文海	张允福	张正安	张光铁
张守基	张敬中	张祖良	张苗厚	张春志
张振华	张海滨	张梦启	张济本	张载三
张鑫奎	郭灿棠	庄培元	陆允中	毕振纲
梁子本	梁玉左	连新秘	冯祖同	曾湖仙
童德政	黄永磋	黄　河	黄　怡	黄良珍*
黄寄宁	黄振作	黄福玉	程心干	汤敦润
费声溢	项硕康	贺志祥	钮恒宝	嵇福元

单连芳*	詹仰顺	雷永坚	杨秋华	杨春林
杨　复	杨祖裕	杨树昆	杨履祖	董可熹
甯晋南	臧庆兰*	赵文锦*	赵懿英	郑学信
郑　杰	郑绵平	刘金美*	刘彬彬*	刘堪守
刘义发	刘国良	刘德简	刘宝德	刘鸿禧
潘之明	蒋林奎	蒋逸尘	蔡一鹏	蔡文桂
蔡和良	蔡蕙兰*	邓幼华	邓远兴	钱昌检*
钱祖廉	钟锦江	韩万生	缪志奇	谢文奎
戴兴根	魏宏标	苏健成	苏宝珍*	顾志君
龚万英	龚庆端	郦得火	王凤鸣	杨炳文
程明高	董纯才	薛瑞青	裘义章	管凤桐

1954 级

方　磐	王名瑟*	王志强	朱昌明	朱书俊
江玉成	吕全荣	李昶绩	李学明	李震宇
李鸿业	沈　平*	沈端书	阮惠础	周家健*
邱元正	姜凤琪*	姚伦淇*	夏珍华*	袁正发
高文华*	高凤珍*	孙介章	徐迎璋*	徐纯清
倪元明	曹瑞骥	许印官	许汉奎	陈永明
陈如寿	陈培虹	陈海树	陈兰卿	陈鉴湘*
张忠英	张友南	张振中	张富生	张家梁
张庆贵	章至洁	崔若桂	黄大信	黄祁河
程辑和*	程丽秋*	汤承荣	费美高*	杨鸿云
郑世书	郑良峙	郑秉吾	郑家坚	郑　辙

刘行松　刘嘉平　刘盛武　潘先鹏　潘法惠
励修予*　赵　伟*

1955 级

尹仲科　方一亭　方　中　方仲景　方臣景
王可德　王永发　王家齐　王顺宝　王晓石
王锡根　王铁平　朱兆文　江纳言　伊炳焱
吴侍林　吴和泽　谷　龙　吕桂德　李曼英*
周德昌　周鹤年　金玉玕　宗关祥　季洪芳
季耀庭　俞洪保　俞骥谷　胡兆珣　计宏祥
秦宗汉　桑宏寿　倪如训　倪琦生　茹锦文
曹正尧　陈仁来　陈克荣　陈美泉　陈恭怿
陈景基　陈瑞璋　张湘君*　张云鹤　张德书
郭世源　郭屏南　康　旭　康育义　屠惠良
童永生　童晓光　黄尚年　华伯平　贺　勃
杨炳祥　杨贤河　叶芝萍*　董得源　过帼颖*
廖先贵　赵新运　郑永良　郑自先　郑开云
刘士騄　刘昌实　刘义仁　潘黎山　蒋建明
蔡笔聪　钱承信　阎昭秀　韩忠琦　严傅路

1956 级

王裕璲　王　岱　孔佑华　牟惟喜　吴思本
吴遇安　吴旭华　吴香尧　成安仁　何绍武
李子芳　孟宪坡　林介邦　林德松　林国珍*

茅吉芝	胡嘉瑞	倪克平	翁金桃	张伯云
张惠堂	黄光昭	黄仲洲	程　鑫	富士谷
万汉钟	裘愉卓	刘洛图	谈丽芳*	蔡行来
戴延龄	王尔康	王恭铭	平锡海	左国朝
朱　健	朱新明	余金铭	吴凤彩	李平鲁
周振杰	周维高	范国新	林沅鼎	俞兰棣*
孙焕章	徐晓梅*	陈子恩	陈菊秀*	张镇海
陆顺德	雷永安	杨天民	叶和飞	郑理昕
蔡锡坤	蔡文明	钱浩年	钱　清*	苏谓杰
顾威国	戈亚生*	王义刚	孙　岩	仝　浦
朱天林	朱毅莹*	吴标云	沈渭铨	沙俊民
承娟英*	林晓东	马森林	马正兴	马　谦
孙亦因	孙庆和	张宗林	张志敏	张　建
梁福坤	黄虑生	贺恩寿	杨听华*	赵剑峰
刘　杰	刘德良	刘毓安	谢瑞征	储同庆*
毛立言	王衡鉴	王洪年	池国祥	李泽松
李成年	李祖光	周伏洪	邱　琦	芮　琳
俞云文	胡振中	徐旃章	侯纯古	陈凤岗
张培荣	张义之	张希及	崔广仁	陆耀清
陆镜元	黄永良	黄定庆	杨锡庸	杨清和
赵　颀	蒋干诚	薛顺金	龚祯良	曹钦巨
王国柱	王自强	王赐银	王建华	司徒坚
朱荷宝	何才一	何圣策	李尊慎	李明元
汪良谋	阮懋昭	周根法	林宝钦	马兆祥

徐寿根	倪俊余	陶寿禹	许天佑	陈根保
张明新	张钟瑶	庄全成	赵元龙	蔡如华
邓国新	卢伟成	薄志宏	戴金星	张祖圻
张雨田	孟熙成	李白英	许志琰*	俞清平
周衍麟				

1957级

丁俊华	王信行	王文瑚*	王凯怡*	王声远
周云生	林开泼	李继亮	俞　旭	夏志权
袁曦昌	高考政	孙明志	徐建国	张开瑞*
张行健	张中民	张裕海	张厚生	陆德复
黄　成	喻先铎	乔鸿泽	柴法清	郑学正
郑永德	刘抗娟*	钱　凯	应育浦	苏进旺
苏贤泽	蒋亚纲	王东藻	王鹤云	王俊庚
朱士杰	朱和宝	江浩贤	吴其切	李起彤
金鹤生	林文辉	季幼庭	姜鸿训	马佩元
孙永福	孙存煜	倪寓南*	曹宋明	陶婉琴*
陈民敏	陈玉河	张启富	张广坤	郭玉成
程文志	蔡兰明	邓龙华	钱定福	卫鹏飞
薛敦育	瞿中兴	杨曾荣	杨大奎	王洪涛
朱德金	江葆钧	吴向午	何锦汉	沈宝琳
金立本	邵锦周	芮　柏	俞　培	姜衍文
胡华光	高夔亮	徐大川	徐洪金	陈乃贤
陈清毅	陈智梁	彭玉鲸	詹定省	贾灿如

董亲仁	杨友根	叶启柏	过元勋	廖卓庭
赵庆元	蒋通顺	骆鸿奎	钱凤仪	杨建国
王德财	王福才	史金寿	朱明强	江永龄
吴邦俊	周志毅	周文全	沈伟民	沈渭洲
林颐耀	唐树春	唐世权	袁道泉	陆云铭
陶国宝	陈国民	张金城	张选阳	葛起阁
董火根	赵凤鸣	郑灼官	刘冠邦	刘茂泉
潘力行	潘裕生	赖天淦	骆永妙	赵传本
严　正	王延福	牛克志	朱耀琪	朱大同
朱　定	朱志忠	戎治权	宋心森	林甲兴
竺国强	姜绍文	施裕平	唐升层	秦德馀
秦　飞	高顺祥	陆盛堂	陆元犨	许荣平
张剑祥	张　萤	张青松	冯忠康	黄明民
费家荣	陈毓逐			

1958 级

葛明宝	卢克俊	姚承祐	许裕庭	陆惠元
王　和	吴友林	吴长友	苏华芳*	杨玉琴*
张叔龙	黄桂官	吴大忱	朱庆祖	伍长平
徐　庆	郑仁贤	李介福	顾晋文	金世翔
时明泰	李左衡	江天伟	李家政	阮雍生
黄奕水	范荣华	李德伟	刘兴弟	林嘉明
陶炳森	李振英*	黄榴轩*	许惠源	赵济湘*
罗时秀*	周志椿	郑海翔	朱根林	林复兴

谢源发	钟云生	安芷生	赵化刚	是俊良
刘源森	戴荣伦	杨俊昆	黄德品	王念华
张祖林	何柏林	李端璐	屈济成	刘荣谟
唐觉斌	李明才	夏林圻	徐　刚	李钟明
嵇蟾生	盛田坤	张兴荣	孙介其	高之铜
赵炎生	曹新海	金在森	李宗尧	李川生
刘恩林	康成德	黄怀曾	王源瑞	夏元祁
陶应祥	张培基	高国荣	邹汉光	陈增义
王金龙	范正铭	过娟秀*	王惠珍*	严克芬*
王立仕	李　明*	韩佩云	邵训生	丁朝选
黄文耀	钱永良	黄士保	叶天俊	李祥生
沈　昆	傅崇辉	施珍森	张依昌	赵夫清
罗建宁	王碧香*	金秀珠*	刘鸿娟*	叶　彦*
张秀云*	陆玉梅*	乔宝根	傅德鑫	葛金荣
吴安富	朱鸿庆	夏嘉生	王守国	马国钧
张武容	王鉴炤	刘东升	毛崇杰	李万荣
陆松年	高庆善	陶世浩	宋洪武	沈成龙
林正树	黄路桥	陈和海	蔡章丑	王祖卿*
凌小惠*	唐依筠*	张小云*	速玉萱*	夏桂兰*
肖永兴	程克政	蒋凤兵	程　同	张国荣
刁志忠	林颂恩	徐均涛	汪学申	李清波
林建英	李永徽	叶和梁	魏宏兴	黄济舟
陈俊仁	姜　本	胡孝声	谢开跃	奚建国
吴永华	郑克楼	黄学芬*	吴家和	王立武

曹万有	唐世杰	高宏安	沈端荣	许如海
朱济成	李家麟	李庆诚	朱伟霖	徐汝舟
陈成恩	伍文瑜*	杨聿容*	陈梅玲*	袁志梅*
吴文君*	费良娟*	张芝苓*	伍文瑜	宋克强
江丕光	王光禄	黄金生	戴振家	于明生
魏延盛	吴凤骞	吴永筑	卢旭初	丁　灏
戴鸿举	李兴隆	章卜魁	赵家伟	朱祖馨
王瑞久	龚耕华	焦维德	裘华华	杨绮联*
徐慧娟*	黄慧珍*	倪蔚然*	王杏英*	陈其芳*
姚应龙	储绍昌	佘孟信	朱寅生	魏建德

1958 级

丁永开	王志雄	王世安	王伟国	王大绪
王钦吾	朱炳球	朱宝才	余宗顺	吴燕玉*
吴家龙	吴庆琳	何锦文*	李洪祥	李恒章
李修凌	李中石	汪韫慧*	汪静梅*	巫继根
周国清	周玉仙*	金仰芬*	金荣龙	金成伟
邵永兴	林敖金	季金法	柳志青	胡品美*
段　祥	施士俊	范启灏	洪启予	秦小荣
秦凤秀*	袁文岗	高冈书	徐家平	徐　高
徐有伟	徐润源	倪思祥	符诗颖*	陶耀良
陈国庆	陈祖泉	陈梅卿*	陈冠球	陈坤元
张绍良	张善武	张善春	张伟星	张宗璜
张国文	张　玲*	张永荣	张以诚	张俊明

张根娣*	张建新	张景荣	陆顺福	黄　恒
单文圳	万利生	杨悌君	杨琴芳*	杨永根
叶开平	叶　俊*	董斯麟	过叔良	董振信
赵明新	郑秀中	刘万青	刘　云*	乐嘉智*
樊正祥	谈静琴*	蒋乃兴	蒋　湉*	蔡德坤
蔡文良	卢剖丹	鲍广忠	韩兰生	顾绮芳*
张锡朋	丁清立	尹磊明	尹湘宝	王国瑞
王玉净	王尚启	王祥明	王振铭	王鼎文
王应富	王兴华	包金松	朱士兴	朱耀龙
任海元	向保年	吴连友	吴荣升	吴春发
何宇保	李振启	李杰儒*	李再平*	李东汉
李璋荣	李邦涵	李瑞彬	李渭娟*	沈其祥
沈尧国	沈协康	汪贤灼	周旅复*	周增权
周名魁	周子文	金华英*	邵春寅	宗冠福
俞福源	柴世钦	胡同安*	胡雨帆	杨乾恩
秦锡虎	高恒柏	孙建和	孙家齐*	程振香
孙全英*	孙武松	凌兆其	徐金水	徐永根
徐吉华*	殷保安	殷保祥	殷仲大	席与华
时洪青	许振南	陈建国	陈炳蔚	陈锦明
张上麟	张成敏	张志清	张友信	张德宝
张仲九	张友法	张启德	张步高	张德强
张慧娟*	张伯君	郭振宇	郭振蓉*	康承根
陆秀文*	莫壮观	梁桂培	童振家	黄学诗
黄仁金	程艾华*	傅庆哲	贺传贮	斯伟民

贾子义	贾蓉芬*	杨庆德	杨敖度	赵其湘*
郑国良	刘华英*	潘杏南	蒋再明	蒋　溥
蔡汉波	穆道成	钱贵升	钱德元	钱　逸
缪长泉	谢万明	谢品璋	盖正海	戴维声
萧传信	萧秋元	萧初生	萧秩兰	萧义越
罗穆金	严连生	顾国寅		

1959 级

丁连生	尹恭正	王文耀	王国平	王擎德
司　琦	江才宽	朱永正	朱迈臣	吴　曙*
吴金榜	李家骧	李允才	李本芝	李光勋
李兴根	李浩昌	宋兴龄	尚玉坤	周全春
周祖亮	岳进生	李友修	姚宗海	胡玉前
高景英*	高富全	高中和	倪学文	徐湘康
孙忠正	夏风生	凌春华	凌惠明	张国振
张剑铭	张杏生	张一荣	张作铭	张锡南*
陈兴善	陆兴根	陈凤英*	曹克清	毕宗仁
项国瑞	路则平	邹仁庆	杨焕山	虞佑清
赵志清	刘锡成	蔡邦道	蒋玉谦	蒋志文
邓嘉明	钱　洪	燕守志	顾　斌	龚庆彦
丁似兰*	王国槐	王立功	王　赵	王传仁
王广善	方占奎	史炳奇	吴春寅	余宝柱
孙鸿尧	徐荣华	张业勤	张政治	陆庆张
陈国清	费　乐*	冯　星*	杨林森	路传明

葛东海　过培鑫　赵思贤　刘欣宝　潘　宏
韩祖培　谢绍明　颜景坤　魏中一　肖延荣
王海岗　王炳成　朱宝璋　朱连东　朱嗣昭*
李振明　李久永　李嵩令　李淑秋*　沙秀川
余元昌　汪伏龙　吴乙平　阮月祥　杜韫华*
邢佳才　周剑雄　周剑舜　周金城　於晓昕
季荣桂　禹承群　姜鸿声　韦德祥　高富有
偶乐姚*　张承华　张振亚　张理刚　张　莹*
陈鹤年　陈万里　陈图华　陶洪兴　陆元法
陆南良　黄元丰　黄祖荣　贺玉珉*　闵育顺
葛同明　杨年强　刘裕庆　刘　韶　蔡盛泉
韩立顶　肖伯平　薛为进　庞玉真*　顾学平
李国豪　徐国庆　梁继禄　汪培礼　李　楠
庄伙良　王志益　王仲贤　王小哥　王传富
王乔生　石征禄　任坤才　任彝华　朱渝人
朱德成　李岑桂　李爱英*　李以彬　李民道
吴养权　沈保培　周克勤　朱国伟　金禧颂
范育祥　胡广茂　马万顺　徐裕祺　孙承辕
唐仲庆　高厚凤*　倪辅纲　耿东发　张法艺
张双大*　陈明祖　陈复清*　陈荣林　陈耀正
陈桂芳*　常士明　曹维杨　许　瑛*　汤伯寅
黄　川　闵茂中　杨孟正　杨仁培　杨庆环
杨玉英*　叶志良　赵学勤　管锡华　蒋凤华*
蒋伯安　蒋履顺　蒋赛莲*　刘道忠　刘金龙

潘国忠	迟春堂	钱铭云	钱其美	薛孰美

1960 级

丁和芳*	王志浩	石秀英*	朱兆信	牟宝泉
何长安	周惠生	周成奋	俞之琏*	胡小弟
唐福良	秦国权	袁金良	孙展珠*	徐世荣
徐光洪.	徐茂钰*	曹美珍*	曹宝珠*	张志明
张秀莲*	庄庆兴	傅中平	杨松年	叶光泉
邹湘华	郑岳芳	郑秋贵	刘岭山	刘福寿
鲁杏林	邓祝琴*	薛家忠	缪永盛	戴武元
兰自淦	兰亚狮	边立曾	顾家滋	尹树人
王永海	吴仁英*	李宾亭	沈祖杨	汪定熵
贝祥云*	孟丽霞*	姚永华	宣桂香*	袁玉才
高佩义	孙德成	翁必刚	章小兴	曹功兰*
陈谅闻	张文龙	张克俊	郭正言	冯立山
单余安	贾桂兰*	杨盛龙	赵存祥	刘　立*
蔡林根	卢　祺	苏锦星*	郦家驯	尹奕余
方金满	王兆昭	王金龙	王丽华*	王明珠*
包永朝	朱永余	朱本芝	江纪章	余慧英*
吴汉泉	李毛大	李秀珍*	李振兴	沈冠廷
巫全淮	邢雪芬*	季生保	胡绍英*	唐玉梅*
唐瑞清	徐梓阳	陶谋镇	陈玉玖	陈仕保
张茂英*	郭吉保	黄吕国	黄燕飞*	程寿昌
闵际坤*	葛传芝	刘　斌	蔡根庆	谢有财

严正富	严翠龙	顾鸣文	申屠保涌	王明先
王秀娣*	王厚智	王婉英*	王盘大	王汉仁
白南静*	朱长甫	朱锦华	吉里人	吴林元
吴启志	杜兰英*	李志全	李裕能	李效兰*
沈永清	姜洪波	高仁甫	高必娥*	孙志富
孙洪元	徐士文	徐安中	徐克顺	徐英年
徐晋恒	侯文尧	许德明	陈志勤	陈汝秀
陈祥梅*	张　霞*	张家林	张振明	张学宽
张奠宇	陆大德	陆志浩	冯宝华	曾庆和
贾怀仁	杨承法	邹兴国	刘尚华	刘锡安
钱法荣	缪婉萍*	谢谋富	营俊龙	苏荣度

1961 级

林芳忠	王作华	任筠茹*	周志澄	周启芬*
武长信	高家富	孙殿贵	徐坛法	许良森
张淑玲*	张志勇	叶士达	斐梅芳*	庞柱澜
顾澎涛	于春华	王级昌	李　云	周志诚
施彩鸾*	夏敬祥	徐炳川	陈汉林	陈烈祖
崔同翠*	赵　健	谷静娟*	宋林华	李尧坤
沈传义	董为靖	芮吉娣*	胡忠福	凌伯继
陈增津	陈　水	钱锦棠	张文沛*	张茂盛
郭能娣*	梁文康	叶银灿*	王举良	王家炳
王　怀	王道清	王世辉	朱宜乐	江南生
吴金城	宋恒翠*	李金生	李裕传	李榴琴*

李宏书 李云章 周浩达 周彩中 辛书庆
姚国金 马筱英* 常永芳* 梅昌飞 陈育华*
郭本宽 庄听泉 黄赛通 林碧园 刘天海
鲍国莱 严世稳 陈建林 卜锁龙 王楼棋
王恒禄 王荣礼 王天成 孔祥礼 朱士昌
朱卓明 朱保清 仲南华 何步进 周金山
祁桂兰* 施振昌 胥家洪 秦亚东 高志忠
凌国祥 倪进沧 徐海大 徐锡根 曹泽清
曹金堂 陈祝海 陈南生 陈大梅* 张鸿才
张春才 庄盘海 葛维华 虞浩民 郑绍武
刘必仲 蒋伯康 卢银根

1962 级

王复兴 吴火才 李朝义 何福定 邢　骏
计风桔* 唐厚禹 徐好民 袁任重 张　士*
张礼泉 张道义 陈祖荣 陈金祺 许振民
蔡德根 乐嘉清 杨学长 龚道财 王耀祖
俞济章 施发祥 范兆木 徐　杰 徐维骝
徐元耀 马福臣 高金岚 张信宝 陈岷君*
陈其平 梁以山 庄寿强 郭明达 虞连生
葛留福 贾玉平 刘庚午 顾永彬 洪序木
林文生 石玉泉 周　波 孙　峰 孙寿成
袁荣方 徐正和 秦立锋 陶维鸿 陈兴祥
陈师元 陈景山 华仁民 汤荣兴 黄光宇

贡宏才　赵庆忠　甄增俭　刘志英　卢尔祥
卢尔庄　钱根茂　薛为钧　丁永涛　王利仁
石樟松　李嘉曾　李福才　沈天竞　杭有本
邵　明　姚恒贵　孙　淦　孙肇钧　马正民
刘殿家　倪祖恩　张祖林　张荣泉　单兆祯
曾荣树　虞正舜　赵邦学　蒋禹舜　蒋守明
潘金裕　钱守明　严仁德　朱士昌

1963 级

王文生　王义荣　王慕槐　尹家荣　丘海中
吴碧兰*　李伯绪　姜华九　施孟雄　姚念民
孙立广　陈桂官　陈孝林　张瑞仁　张泳贤*
许振中　郭效彬　叶文良　赵汝江　蒋晓明*
卫章金　魏宜青　聂廷干　丁木生　王和平
朱承平　朱守德　朱启璋*　李伟同　李勋千
胡承荫　高志鸿　徐朝福　陈素清*　张和应
张德根　张迪生　许玉兰*　曹冬美*　贾行玉
杨国翁　叶子文　余美勤　董恒和　郑先敏
蔡锦富　汤仁毅　边鹤鸣　王　琪　王建平*
朱挺晖　朱章如　李仰平　林景洲　季玉英*
周进炑　胡中标　徐金水　翁鑫水　陈以珊
陈金兴　陈传宗　陈钟发　曹曙生　郭永成
郭东奎　贺妙龄*　黄华杰　万爱林　邹学明
蔡元来　刘盛春　罗士桂　关存新　苏正龙

王圣典　江耀慈　朱进才　朱成瑞　沈永昌
吴焕坤　吴锡禄　林式惠　林文贵　林雄达
林春霖　周昌民　苗升明　唐乐同　高长林
孙华贵　孙寿月　侯学敏　陈燕冰*　张文兴
张运保　张殿祥　张荣珍*　许仕贞　傅有六
嵇全生　肖伟良　严生华　顾秀明

1964 级

戎云飞　余荣汉　吴有堂　宋希连　李玉兰*
金火生　邱淑琼*　姚永法　马和珍*　孙建华
时增金　曹维俊　陈小荣　陈银莲*　张英樵*
贾守政　杨延山　杨长恕　管慕渤　赵连泽
闻玉贵　刘全林　方惠瑛*　王怀林　王昭雁
王芷珍*　朱有龙　吴春福　李瑾莲*　李耀祥
纪效义　马玉璜　孙建辉　徐菊芬*　徐茂泉
徐德安　陈月娥*　陆余明　叶　典　刘文良
潘伏江　鲍训相　钱建春　王进才　王华清
朱列文　吴生旺　汪兆英　周修成　杭永存
胡安珍　胡殿岭　纪忠林　夏宝珍*　袁连中
徐安心　陈安定　张凤斌　张蕴柳*　曾正海
彭光勇　虞东生　戴能尚　王志勤*　王友德
朱雪麟　成国裕　李百红*　金立奎　金鸿仁
胡端友　孙炳德　徐士忠　徐新华　倪士华
陈全根　陈以红　陈稳林　陈松涛　黄秀英*

蔡洪芽	缪世鼎	闫世信	王可仁	王其洲
印高凤*	李文德	沈炳彪	沈永兴	周国太
周国华	林华元	徐正球	徐玉清	侯金山
张泉兴	张志刚	黄延雷	董德泉	熊金红
蔡雨高	魏宜英*	季玉英*		

1965 级

丁善香*	王炳纯	王克明	刘配会	刘丽玲*
江保丰	宋本祥	沈传文	沈振新	郑爱林
胡祥珠*	唐耀林	陈旭东	徐道忠	徐晓山
许秀祥	孙景旺	陶保成	张明俊	顾　滨
程玉先	葛秀存	潘大德	魏保成	酆玉明
刁在湘	于盘海	王国英*	叶含中	李国柱
吴庚如	巫礼玉*	严启刚	林协宝	郑仁堃
胡家礼	衷其超	姚一平	徐恒润	唐瑞兰
秦鸿星	陆桂仙*	马万兴	项建新	贺菊瑞
张振迎	张源森	张仁良	程隆启	戴维光
苏桂根	邓庆德	邓小照*	史伟芳*	石　秀
刘克明	刘坤玉	刘作福	吴荣庆	严绪朝
郑开明	陈卫国*	陈兆熊	袁裕成	许善标
黄保友	黄火朋	孙长春	戚健民	梅海桥
陶嵩岳	曹云崙	郭伦柱	贺鸿图	张国平
张兆林	顾云珍*	王兴保	王善芳	邓盛华
石　平	刘锦林	刘必钊	朱乃黎	任乃军

沈颂德	袁　健	陈宝萍*	陈玉露	陈洒盘
黄玉生	黄　嫔*	曾　昭	许世宁	章志英*
张瑞峰	张文学	顾德林	杨国珍	杨学涛
潘群雄	薛泰屿	魏家鸣		

1972 级

石景秀	朱振东	宋方敏	宋举友	李圣才
沈昌泽	周常进	马永昌	连鸿儿	倪金城
张孝德	刘树田	刘邦秀	刘关键	刘奎霖
黎佐钧	钟善林	谭永根	欧阳钟辉	王洪德
石海元	吴桥生	吴肖春	宋吉昌	李洪喜
李如成	邱永泉	胡林发	徐一伟	徐长生
陈贻辉	陈子钊	张菊根	张声波	冯洪真
杨主恩	赵荣文	刘新林	饶　冰	于文清
于从泽	李建军	汪冬炎	林奕源	林自荣
洪东义	洪长棕	马惠福	徐功浩	陈健康
陈国光	张永康	张庆龙	张书煌	黄启川
黄吉友	彭友良	孟明月	邓三元	谢长光
丁卫平	王满娟*	王逢先	王兰花*	曲学法
吕云瑞	宋宝祚	洪惠辉	陶建玉	陈德运
张　嵩	张金章	张永国	郭克龙	黄培植
杨英培	赵礼龙	刘　珀	蔡锡南	赖华福
周善功	俞南群	容华贝	袁成祥	袁志园
袁光烈	马志耘	时炎清	陈光荣	陈银河

张夫芹*	张华南	郭良迁	黄芝乡	杨国保
邹保祥	鄢庆南	蒋冠英*	卢寿德	罗自养
王泽田	印敏莉*	朱祥根	吴慧珠*	何耀堂
李成林	李南阳	周向平	武汉林	徐永生
陈炳群	陈亨亮	张新明	詹柏松	刘洪昭
刘祥生	卢同衍	阎学义	谢洪元	朱伯生
朱克锐	江其勤	曲少翠*	李金榜	汪振国
孟祥振	胡廷华	柯政秋	唐孝文	高大旗
曹洪霞*	陈勇声	张　洁*	郭树风	曾家湖
杨树锋	赵梅芳*	赖荣宗	方本钟	方斌泽
朱为祝	朱献放	吴惠民	郭富元	叶连生
叶新娇*	葛立生	杨宗芳*	阳晖东	赵永福
阎　红*	王金莲*	王正庆	江美珍*	李进辉
林峰雪*	祁根德	苗冬青*	夏培荣	孙安富
许　波	张志钟	黄铁汉	惠鲁梅*	葛慧兰*
杨小顺	吴光明	宋志林	李美英*	周文雅
岳　健*	马宝林	徐北煤	杨春茂	慎龙法
刘道祥	樊其诚	钱让清	王定洲	王国强
王洪范	王志明	史明华	余三求	宗来水
胡昌林	孙明定	张玉珠	张宗喜	游德树
邹锡林	赵祖华	潘海峰	魏学成	严旭强
苏信林	芦国经	芦桃富	朱全福	朱良恩
余俊清	辛至秀	宗育华	李志武	李素珍*
邵水松	高海英	章明生	陈　新	陈志刚

陈献程	冯志奇	黄爱珍*	蒙荣先	刘朝明
刘治山	窦培松			

1973 级

方长泉	王玉德	王长利	王均灿	石火生
石　俊	白嘉启	刘兴胜	孙庆恭	汪福田
李长顺	邵泽后	张　宁	陈培荣	肖礼忠
范德明	周克友	周建军	周浏英*	姜林周
赵吉柱	郭　栋	郭华东	栾兴晚	顾国华*
黄从忠	韩福堂	蔺启忠	戴家友	戴锦明
王尧舜	王淑真*	孔庆友	甘志茂	汤向南
刘志宽	刘光荣	沈印才	李　奇	李根生
张大钧	张树芳	张之沧	张　惠*	陈步池
陈鹤弟	陈士学	吴海清	单静康	周光照
赵仁兴	胡锦生	高洪富	党良菊*	钱阿法
蒋五林	樊佑杰	鲁开友	戴瑞年	魏文君
王兆梁	韩道华	王士阶	田秀梅*	刘　言*
孙　雷	孙卫国	阮　锋	沙金庚	苏一保
苏　若*	李玉德	杨　彬	陈玉明	陈大鹏
陈超云*	苗德岁	林发强	林彩华*	季　强
姜德标	胡汝土	姚欣光	唐庆宝	秦国荣
侯先光	殷　培	谢忠前	曾云川	王本兴
牛雪峰	毛兴祥	仇春富	刘保业	刘成华
刘文龙	许多顶	朱国荣	朱林南	沈朝海

李　超	李银法	张　进	张　弭	陈豪生
吴国闻	吴肇永	吴洵奇	何忠放	居金荣
周永欣	邬夏娣*	钟盛洪	陶庆法	章岳云
詹金木	蔡钟业	戴后勇	戴水汉	马更田
王新华	卢成忠	刘式朴	刘淑春*	刘铁兵
刘家旺	许　安	沈珠勇	李继忠	李友根
李　春	林李军*	李孝堂	杨全喜	张瑞丰
陈后坤	陈婵华*	谷淑琴*	周加洪	胡建法
姚银启	高国宝	袁　朴	徐志峰	梁　敬*
戚中林	董传万	董国润*	窦开有	马东升
方云如*	王　刚	刘士敏	许克明	孙舒东*
孙景玲*	李亚治	陈茂寿	范锦山	林金华
周亚东	柏兰芳*	夏邦银	章水木	黄瑞福
黄丽华*	谢少卿	普金峰	蒋保林	王长江
王宽华	王少鹏	王龙山	王建平	胡善宁
许家全	朱大林	巩德民	李大敏	张广瑞
岳常林	贺四喜	曹祥林		

1974 级

马洪民	王仁战	邓新水	刘天岗	刘　伟
汤德明	许建平	李祥举	邹元文	沈荣兴
宋述锁	陈若兰	陈惠忠	郑延申	秦元玉
顾银发	夏益东	黄顺芳	崔丙富	樊国朝
马连德	乔恩光	朱士朋	任震鹏	刘训超

孙大亮	杨致栋	张祖培	张卫东	庞良臣
郑锡泉	侯华柱	徐金芳	徐兆文	徐国民
诸焕新	曹建学	刘名扬	顾青云	王元顺
帅正印	刘陆军	刘怀宝	刘明渭	刘百玲*
李国清	吴用梓	吴坤怀	汪实夫	张志明
陈云棠	周建平	孟其林	赵明特	顾祖德
陶明华	韩立刚	刘秀英*	金文英*	俞为民
张卫岗	叶家田	毕秀本	朱立中	任恭军
刘家柏	庄恩鸣	纪家成	杨德善	杨根发
李良顺	李成祥	李立仁	吴　浩	邹国强
应忠德	宋冠川	张顺明	张　跃	陈济康
陈志强	陈建华	陈绪明	范张焕	金正元
荣家贤	洪饶松	高照吉	崔德庚	潘其山
丁仕富	石永星*	朱大岗	关亚日	李海泉
李景芝*	吴秀云*	邹　星*	应根其	汪建明
宋竹琴*	张洪喜	陈根生	林本钢	周忠福
姜尧法	钱捍东	章云清		

1974 级

丁运亭	宁宝璋	左荣生	卢金山	田祥章
安乖录	刘须良	刘殿启	许化风	吕国和
朱纯呤	朱　森	毕新远	纪献斌	李　锋
杨雪峰	张心爱	陈升堂	陈道钦	陈体凌
庞江民	胡景文	郭河杰	聂宗峰	贾宝成

超承勋	于志东	王　平	冯志奇	刘珍亮
刘耀明	朱立权	李　靖	李　彬	李合亭
李红岩	杜　云	张志华	张永生	张贺平
张建国	张万斗	陈　收	罗会斌	洪光兰
赵福安	彭树清	葛发户	傅国语	鲁天应
漆文富	王永光	周渭球	洪道友	

1975 级

马志玉	王国干	王云良	朱学本	汪石林
汤启平	汤德祥	杨玉朝	苏孝银	李　宁
沈科富	张君华	项尝培	晋鲁光	夏　斌
徐士进	黄福泉	舒良树	蔡鸿珠	王恩宁
王　林	孔庆寿	朱志群*	刘文冉	刘章燕
严忠华	陈永清	陈玉龙	金解其	周素英*
孟兆财	柳才强	施贵军*	祝德贞	黄细良
董志好	程启芬*	谢英亮	薛志荣	丁颂华
王玉明	王玉才	王有明	王良书	尤　兰*
仓定煜	刘守业	张水生	张耀明	张　杰
陈经华	杨　鹰	周丽英*	国文秀	徐全法
马铁生	陈晓明	徐映深	郭江宁	王福德
田万友	吕民康	刘文林	杨绪卫	杨建国
李宝柱	李晓勇	李先财	张秉顺	陈新洪
赵连忠	袁灿勤	顾阿明	郭子俊	高传胜
谈建营	龚玉伦	游正斌	潘永家	王庭学

史圣伟	匡玉玉	朱洪波	江名焕	许炳火
杨谦	杨依连	李学民	吴俊奇	吴家服
张礼各	张宝山	范崇荣	罗锡刚	宋汉周
秦玉宽	郭爱国	谢功德	魏子林	田玉香*
成月嫦*	刘玉珠*	杜根元	杨来胜	杨光明
张代红*	张　平	张惠珍*	周芝胜	练炳琛
赵福生	赵　明*	姜道余	聂桂平	黄水兴
韩宝安	葛传营	董守德	魏宗源	

1976 级（原第二机械工业部委培班）

王玉春	王代云	王汉岐	尤学利	兰周班
吕杰生	朱玉良	刘广福	李光龙	何友义
陈曰耀	陈启智	俞富泉	林义安	徐敏荣
黄德强	彭中庆	富庆祥	廖为煊	潘发达

1977 级

万高翔	叶　瑛	华亚琴*	杨远发	李福寿
李新军	李文萍*	肖旦红	汪绍泉	张炳辉
张建邱	绍　科	孟令明	赵金勇	祖跃升
黄超荣*	曹苏扬	詹庚申	詹广生	蔡建国
万全国	王慎南	冯金顺	毕葵森	刘善忠
刘广群	孙宝民	苏安金	李思权	吴水清
狄茂松	张　建	金德宽	金仁洲	徐广志
曹晓云	路振亚	熊永根	熊国平	戴长林

丁　政　王天国　叶树明　巴克·买买提
朱　蒙　李人杰　李　放　吴治淮　何福利
余良勇　张国辉*　南金生　赵清玉　赵红梅*
黄　伟　黄卿团　谢希良　姚　敏　王友琴*
厉建华　刘　渝　刘建成　杨湘宁　李成栋
张　仑　张建华*　岳　昭　孟宪金　宫维莉*
钱迈平　梁诗经　程振坡　蔡炳溪　田建明*
赵建新　王水根　王翠华*　庄建民　刘成德
刘咏梅*　李子林　李保满　何延法　张兴同
陈丁财　罗贵荣　赵建刚　钟北京　徐　华*
黄基富　蔡李刚　廖露妮*　廖玉芳*　王玉山
王仁林　王华明　王洲平　毕国全　朱　湘*
刘桂凤*　刘鸣娟*　李汉勤　张　琴*　张淑贞*
陈　骏　郑双华　赵　迁　段林祥　袁玉珍*
欧阳建德

1978 级

王　琦　王建民　王志宇　王瑞宇　尹克纶
任金卫　刘　群　李玉谦　李　敏*　李　华*
李　成　张　勇　张嘉麟　赵阿兴　赵素芹*
钱　路　高文兵　宿小俭　薛　革　潘进文
车　平　吕建武　朱志新　朱扬珑　刘春莲*
孙志鸿　孙晓文*　余　超　宋　萍*　张挺山
张永志　陈　旬　罗能辉　罗哲西　徐珊红*

黄逸娅*	韩耀俊	雷跃冬	颜铁增	范慧萍*
万　力	马积明	韦　杰	左之正*	叶丹峰
冯利华	成春奇	李　珀	吴吉慧	张亚平
张　敏*	陈征宙	陈友飞	郑应实	胡伏生
翁国财	黄康乐	曹小强	葛晓光	游建忠
薛乐群	王扬传	王金辉	甘启高	卢海亚
吉　磊	刘丛强	许　宁*	祁　岖	杜杨松
杨企敏	李万兵	余　扬	余江滨	闽光融*
史蔚林*	汪永进	周会群	周卫宁	洪　冕*
曹芬元*	康　炜*	王文杰	王立波	王金土
兰先洪	朱黎景	刘北玲*	孙和平	杨新孝
李院生	肖小月	余奥涵	汪　耀	沙　鹏
陆　杰	金传胜	顾　鹰	高子闽	崔卫东
韩　荣*	潘普竞	王　敢	毛伦锦	朱正书
伍尚珏	任建国	刘松发	刘文民	刘继顺
刘　勉	何奕强	张光伟	张士朗	陈延安
陈　宁	钟汝东	侯建新	贾　东	嵇少丞
温建平	戴永善	王　平	王　毅	王洪兴
王宏森	朱韶华	朱振祥	杨家喜	杨晓松
宋伯庆	陆季鸿	周兆骏	周怀阳	徐　强
徐安顺	浦志伟	褚既武		

1978 级

王小鸣	王汝建	方　青	孔庆生	尹学敏*

刘家润　　齐东发　　李　柏　　李洪起　　吴乃琴*

余　菁*　　宋燕平*　　张大良　　张建平　　张喜光

张　进　　陆　一　　金小赤　　周　正　　姚继平

顾和林　　钱文龙　　郭英廷　　唐　毅*　　黄　昭

曹向东　　董无畏　　蒋新禾　　王和平　　王亚龙

白海波　　毕国平　　阮晓红*　　杜异军　　杨晓华

李　翔　　吴　恒　　张昇平　　张　明　　张建国

张　萱*　　陈　俭　　林爱明　　周宏春　　周笑绿*

庞忠和　　贾克力　　顾志斌　　钱建新　　徐　风

褚福权　　曹丁涛　　阎　宇　　阎长虹　　韩宝平

韩国财　　潘海波　　方　玮*　　邓　起　　尹　琳

毕　东　　任名华　　刘金钟　　刘　星　　杨　浩

李建平*　　李旭平*　　李秀南　　英定文　　邹继兴

张法锦　　陈兆安　　吴智慧　　胡志宏　　胡健民

顾凤祥　　徐卫兵　　唐振亚　　黄兆荣　　章跟宁

蒋建新　　程　海　　傅国飞　　傅成义　　强小虎

蔡立幸　　丁　抗　　王建华　　王大成　　方　虹*

刘大宁　　杨忠芳*　　贡伟亮　　劳　勇　　吴小平

张　经　　陈　铧　　周　磊　　顾兆炎　　章　聆

董永观　　程承旗　　路远发　　臧小平　　滕　辉

颜　骋　　王明太　　孔令福　　权志高　　吕洪波

朱耀明　　杨武亮　　汪　相　　张忆平　　张　宏

林瑶眠　　郑永飞　　宗国庆　　聂文彪　　徐　展

章雨旭　　谭宪林　　翟建平　　樊仲斌　　李　波*

1979 级

王力波	王　超	毛松林	乐伟球	刘建华
汤寒松	孙智峰	李　黎	余　骥	张文连
张逸昆	陈　伟	罗治江	荆　兴	侯玉宾
谈彩萍*	黄仁荣	曹　艺*	彭允陆	王荣虎
张春晓	王鑫甫	王观忠	王　怿	王志根
王向东	邓　苗	孙阜生	李守军	李　淳
吴劲薇*	何　卫	张晓栋	张晓敏	陈　嘉
钱　勤*	徐金山	郭兴浩	郭智勇	彭光照
王建平	毛　建	方　志	许维强	刘　政
杨　光	相　红	李建华	吴尚雄	张道帅
陈江中	陈远生	周德勇	查锡斌	施　斌
袁建新	龚家东	葛中华	程相学	廖恒星
王玉明	朱泽民	杨秋剑	邹永兴	张玉宾
张扬胜	陆志军	邵建国	周美福	赵东高
赵太平	赵建荣*	袁春林	袁鸿燕	钱秋兰*
徐夕生	徐文新	陶亚初	潘永伟	魏元柏
于津海	万　捷	王运来	王志成	冯　敏*
刘　聪	孙晓明	李俊建	吴明涵	张绮玲*
陆建军	陈昕耀	郑园园	胡楚雁	郭继春
郭进义	黄　标	董　平	鲁百和	蔡进功
王伟华	王荣华	王庚亮	刘训国	刘　易*
庆承松	许家友	孙爱萍*	李培忠	吴锡军

岑　浩	汪东波	林　森	罗庆春	周华平
殷建华	唐金荣	符　岩	董国仪*	潘舜煊
王汝成	王学成	王建生	刘　义	申于盐
贡　明	肖进忠	张景尧	陈光庆	陈跃周
陈　实	范立亭	金远新	徐　其	徐　刚
郭　强	曹孟林	曾文乐	戴爱华	

1980级

马建军	王晓青	史大年	毕传学	刘尧兴
孙树林	何永明	汪时成	汪屹华	沈紫辉
沈　阳	陈国强	陈海云	胡宝生	殷育东
郭召杰	黄伟师	熊斌辉	魏钦志	王海峰
朱　敏	刘树臣	齐永安	孙红兵	杨海林
李志平	李天庆	吴亚生	邹欣庆	沈才明
陈贵仁	岳　雷	周小平	胡晓春*	候　彬
曹海虹	路浩芝	欧阳峰	丁　旋*	于忠林
马晓轩	王焰新	傅　黎	冯启言	司文献
孙　琪	孙先明	杨　军	李　泉	邹泽远
陈锁忠	季　明	周洪涛	周旭明	周曙生
段黎星	顾新荣	高　强	倪　培	曲丽莉*
许垂武	杨金南	李向东	巫谨荣	邱金荣
闵建平	张西繁	张勇健	陆梅娟*	陈雷兴
陈衍景	林玉程	周克刚	周汉民	赵福明
袁新元	钱尧荣	席　岩	王爱华	王燕萍*

王照升	朱恺军	刘向锋	孙　寅	余养成
张其焕	张　耘	陈建新	陈志强	林友坤
范宏瑞	柯毅龙	柏天宝	胡　凯	胡省英*
徐　翔	郭君杰	潘长春	马建国	王建平
池德书	宋永勤	张程宁	陈天虎	胡筱玫*
茆训海	骆建华	袁小燕*	徐惠芳	徐　红*
郭奇宇	郭景峰	高振刚	凌　江	韩传武
薛怀民	戴灿发	方　明	王国庆	王海福
王　驹	包志伟	匡福祥	刘洪磊	孙明炎
杨饶生	严兰官	张玉仙*	张克贵	邵为民*
林金土	范洪海	柏仇勇	钟启龙	高　军
凌洪飞	符　刃	戴春森		

1981 级

牛贺才	饶雪峰	许　萍*	肖惠良	沈逸民
宋仁奎	张桂甲	张兴春	陆梅华	季峻峰
姜欣华	高文学	黄　健	黄金萍*	崔天顺
王少波	丘志力	占世斌	朱　凯	伏永杭
刘永强	李国超	沈　吉	张荣杰	范选林
季　放	季海章	秦社彩*	夏斯高	徐　兵
徐　亮	郭文秀	尉向东	舒鹤栋	戴　雄
马在平	王仪杰	朱云鹤	刘贤华	孙燕翔*
张　沼	张发胜	陈建国	陈小明	林茂青
欧沛宁	周　琦	赵建新	袁旭音	徐洪武

陶传进　黄　惠*　滕红玲*　薛　放　王新光
叶　丹*　卢　冰*　包宗勤*　朱林弟　刘天成
庄建敏　李胜峰　李海庆　吴俞斌　宋海水
张新安　张连营　范越宇　孟范富　谢世业
谢志新　褚　强　谭雪根　潘龙泉　王敬东
王善雄　王志良　王　星*　戈红星　孙　强
李鹏举　张贵盛　林东燕　郁　琳*　周　丰
郑宗清　赵　靖　施光宇　黄少松　黄河清
焦文捷　王化羽　王鹏王　玉　琦　权　彪
毕力刚　刘彦波　孙晓东　李建军　余金龙
沈　梅*　宋裕发　陈晓峰　林　田　周保春
郑　钟　孟昭强　柳　莉*　姚宣丽*　曹玉强
蔡迪胜　王伟平　王宏太　王士军　刘瑞琪
刘　洁*　杜小明　李爱清　巫志强　吴其芳
汪永新　林振英*　周亚军　胡明岳　胡利华
洪晓明　钱树根　董宪强　蒋　韬　裴宗平
腾五小　魏钦志

1981级（水文地质与工程地质专业）

马　海　方　刚　方　磊　邓维祥　任京妹*
江　辉　陈世刚　易　敏　周景岳　胡　雁*
俞　萍*　施建宁　郭　欣*　黄　严　董国强
潘国强

1982 级

马学敏	王乃雨	王光明	石立岩	卢海宾
刘光慧	孙国忠	张伯有	张　奇	陈汉林
林锦华	周本刚	周金钢	周　刚	施泽进
晁洪太	黄　耘*	龚小嫣*	闫吉柱	蒋发二
曾　庆	滕桃居	马　燕*	王建勇	白淑艳*
刘建军	刘　双*	刘　莉*	孙息春	杨建国
李　梅*	张旭东	陆俊明*	陈剑秦	陈平富
金幸生	周忠和	周晓丹*	姚漪汶*	葛晨东*
曾红玫*	谢从瑞	詹仁斌	蔡楠松	颜　镝
于春丽*	王玉华*	邓　健	刘燕忠	孙冶东
杨东升	吴长年	邱检生	张　盛	邵玉英*
金持跃	郑洪波	查立新	钟和贤	夏志武
黄文辉	程忠富	薛志红*	丁　茹*	王可法
王贵明	占天卫	付景旺	邬　杰	刘宁海
刘志坚	孙素坤	孙孝义	李玉书	吴竹明
吴国华	邵志兵	张展适*	陆　雯*	陈来福
陈　燕*	陈京元	徐　军	王玉往	王守春
王　实	甘晓春	冯文渠	邢光福	刘广民
刘　禹	李角强	李忠权	李德平	张子敏
陈振胜	杨　斌	范少云	祝　平*	贺佰初
莫中华	徐汉南	郭子祺	展天宝	黄　钦
黄少雄	曹满才	蒋振频	谢炳荣	薛良伟

于天旭	马齐宁	王　岩	方福南	向　晔
刘义怀	刘银发	李志平	唐兆虎	应丹琳*
张　云*	张　宏*	陈俊长	于法明	孟令红
胡振明	姜洪涛*	富长城	梁勇然	董和平
温兴林	廖建生	于心桃*	韦俊眉*	左　强
兰宏恩	邢光春	曲文宁	朱志铎	朱伟江
刘锦科	杜运斌	李白玲*	李　中	李敦仁
唐振荣	张　珂*	张　浪	张成俭	陆昭球
金培康	孟凡海	高倚山	梁小平	王海良
王少依	邓育锻*	刘　俊	刘　明	江银涛
邹海波	张福勤	陈福英*	许赞波	林　清
周德进	郑焕斌	俞晓影	施伟军*	袁　明
徐　平	徐冠华*	葛敏海	戴安琪	

1983 级

马跃良	王亚平	方　华	朱文斌	鄢震凌
孙晓明	邱世如	张明泽	陆永德	金向阳
孟　军	祝水平	桂立炀	徐小卫	郭随平
郭明生	褚　强	涂　涛	蔡学美	阚金龙
魏　嘉	羊向东	许雪珉	李民昌	李　越
李　智*	李　逊*	张平华*	张灵兰*	胡　蓉*
胡以顺	聂大庆	钱　勤*	徐有龙	徐棣枫
高春玲*	高玉成	唐　烽	黄　翡*	曹　颖*
曹建华	蔡艳红*	费尔南（秘鲁）		王永平

王军培　王洪　尹西卿　史丹频　成利民
吴晓岚　朱金渭　刘靖　刘荣毅　许崇华
阮峰　孙平波　杨金新　李龚鑫　李珍*
李钦华　张虎生　孙克祥　张玉斌　张光海
陈生头　陈余道　欧钊元　周增根　桂育桢
徐忠平　谢喜云*　黄黎明　蒋亚萍*　王伟彤
韦朝阳　方继军　史建阳　吴洪亮　刘桂生
李成巽　张海进　张实　陈谊*　范文娟*
周到　祝洪臣　石汉生　顾炳伟　唐岩
黄小娥*　龚家骊　阎国进　程尚雄　丁铸
于昕　毛木林　刘国艺　刘新东　杨荣勇
李惠*　沈兆龙　罗荣生　钟阳　夏新良
徐立　徐华明　高卫东　黄超　程芝钦*
程小爽*　阙祥明　廖静娟*　魏琳　陈小伟
万玉秋　毛志瑛*　叶凯　冉青　邢福建
邢广奇　朱自强　朱法华　刘伟新　孙海燕
孙智宏　杨建文　李守新　沙敏玲*　张云
林本海　罗玉清*　周凤英*　周俊　曹国文
童国璋　万京林　方传新　方杰　叶正梗
冯毅　曲同磊　刘世荣　庄廷新　杨元根
李佑平　李忠权　何国朝　宋茂双　张干
张德科　张涛　姜德录　姚圣根　袁超
徐乐昌　郭兴华　梅国昌　黄世卿　曹桂云
阎明　梁强　葛强　董麒　储晓冶

曾亚川

1984级

丁卫华　王全法　叶发广　冉红艳　刘成明
刘永顺　刘蔡阳　刘兴起　吴剑奇　邱　建
宋长生　张　华　张爱萍　杭文艳*　金小龙
金　宏　孟勇琦　高申春　陶　松　魏　蕾*
谢霄峰*　王青华　石良宝　吉洁蓉*　任　艳*
刘小春*　刘金毅　许　英*　李　战　余中兴
应　浩　邵卫根　赵向华　钟兆民　夏燕翔
郭兴斌　焦敏杰　赵国光　胡以顺　王妙转*
牛春儒　郑仁兰*　赵润川　赵建国　侯远志
姜丽亚*　徐　峰　黄庆寿　李晓兵　王　毅
王宇飞*　冯建新　任学伟　刘新华　杜哲明
杨振奎　杨卫东　杨胜敏　苏义民　何昌林
余小岗　张志辉　张文华　陈端良　陈景雅*
陈学东　陈　武　陈浩东　武三三　胡兴文
胡　杰　赵裕锋　洪晓华　钱云平　喻　华
焦超颖　蓝俊康　王海泉　倪元林　邓存华
朱　红*　孙益明　杨　帆*　杨增佺　苏　伟
苏文超　李　阳　李　宁*　吴志军　林苏萍*
顾维荣　郭庆源　黄　俐*　魏君奇　王学军
刘光智　刘玉国　齐雪峰　李德贤　李金旺
李红艳*　张　翼*　宋建宏　陆　平*　易建斌

赵金周　赵浩平　耿聚义　袁国莲*　陶勇
彭先芝*　万红*　王雁冰　刘世远　孙海岚*
杨悸荧　李新龙　张志东　张占君　陈波
林建宁　周加涛　姚玉鹏　唐新新*　唐兴良
黄彦林　曹振勇　阎峻　戴玉林　王启东
王飞跃　左晓洪　史友良　仓向东　庄文明
杨怀庆　宋莉*　张重泽　陆一标　陈晓东
陈丽萍*　周亚明　胡进安　满洪敏*　褚立明
常勤明

1985级

王华钢　邢程　杜永灯　杨一冲　杨凌*
李国桦　李春晓　巫晓东　吴运高　张清*
张登明　林微*　周继红*　罗淑兰*　夏田放
郎立君　徐斌　陶惠萍*　裴晓峰　潘晓红*
王梅*　王延佐　王耀　毛曙光　叶勇
刘建　刘煜　刘银华　刘茂松　刘泳
刘立东　吴智平　张智礼　张少华　张海春
陆振宇*　林红*　唐鸣　景一松*　魏东涛
郑玉龙　石龙欣　石荣会　朱祥东　刘红星
刘婕*　孙美太　孙佐　杨卫文　吴存富
吴吉春　吴卫华　李庆国　余小奎　沈众
沈正　张红斌　陈武　陈孝平　陈芸*
陈凯　周湖滨　周树华　赵旭辉　秦卫

徐　峰　唐仁华　黄耀斌　隆爱军　缪立军
黎昌有　王延山　王日臣　杜胜祥　李　嵘
李树祥　何宏平　何春福　邹丽萍*　张福兵
陈永琳　祝秋英*　徐文凯　莫进尤　郭宝奎
黄伟东　黄海玲*　崔志祥　臧　峰　濮宗俊
马运宏　王力群　王文革　王　彬　毛广红
卞国荣　毕　舒　刘　庆*　杨文孝　同胜利
苏　铭　宋昌亮　陈　鹏　陈运发　郭国章
姬红菲*　黄　楠*　曹　岚　董迎雯*　魏忠东
马晓明　韦东红*　刘军保　刘小军　许祖鸣
孙贵芹　李　嘉*　李　霓*　吴建军　张立新
张　梅*　陈冏礒*　范　健　金　琳*　骆东辉
顾建明　徐正榕　陈云天　蔡　彤　颜陵翔
薛　琴*　丁红升　吕子剑　朱　红　孙耀华
李新功　李新侨　肖万生　肖湘萍　吴跃明
金伟进　周　勇　侯运秋　俞岸骝　施典伟
徐英凤*　徐树安　缪卫东　熊水斌

1985 级（安徽冶金公司冶金勘探班）

丁韶春　卜保全　王智勇　王安民　王开云
刘一兵*　刘祖丹　杨俭生　吴晓华　何　平
余跃莉*　应本兴　张谢恩　武　星*　胡德明
南天文　洪东良　姜　丹*　高　静*　唐汝宏
宦文辉　彭元泰　蒋　青*　鲁国强　谭荷荪*

于　燕

1985 级（找矿勘探含石油钻井工程代培班）

马春松	王顺其	王存喜	王宋敏	申忠玺
冯纪成	李　峰	吴小年	吴江麟	余　峰
田红政	张　备	张明华	张锦荣	陈　亮
陈　旭	陈光明	林卫东	李　翔	周四祥
周绍根	周远祥	赵军胜	段宝林	祝桂年
钱卫明	徐　强	徐伟彪	唐人选	曹进仁
程言东	程　洪	傅天安		

1986 级

刘　耀	刘宏宇	杨思东	杨　铭	张西京
陈芙蓉*	郑小雄	钱　铮	梅新华	黄冠春
董　平	程振革	熊锦秋	樊敬亮	刘卫东
任建军	孙亚芸*	杨　驰	杨　睿*	吴险峰
俞　峰	宋天兵	林钟雨	周永忠	徐　芳*
莫文军*	黄小文*	廖　宁*	熊传武	毛念新
卢保奇	叶素娟*	刘洪炼	杨　侃	邱荣生
张世彬	张晓豪	陆慧娟*	陈绍海	赵　闯
顾念东	龚海忠	崔永菊*	尹玉宝	邓明生
龙云良	申文虹*	关　鸿	求自军	张　民
张海祥	陈　旺	郑元平	徐　磊	梅洪明
蒋道兵	谢智文	解晓军	王　芸*	方木秋

庄克琳	汤坤贤	李向红*	李卫东	张朝晖
周　强	郑　晴*	孟　暄*	姚　悦	徐连胜
潘　瑜*	吴平霄	马玉红*	甘　澜	邱华长
朱力军	杨宇清	苏超雄	李利鹏	陈红忠
郭卫东	童元保	缪济东	王卫萍*	尹郁青*
吕杰堂	刘淑芸*	刘元伟	李文兴	李传儒
沈丽峰*	张大忠	林绍凑	林　俊	侯志荣
黄慧华*	楼向东	虞国俊		

1986 级（地质系找矿代培含石油钻采工程）

丁国洪	马新中	王宏林	王金荣	王建栋
方　彬	刘　宏	杨兰田	李玉民	李宝林
吴　剑	李斌文	何伟国	辛建华	余一刚
张国林	张晓荣	陈范生	阎新江	贠克锋
刘宪忠	林　江	季川疆	周立果	周建权
赵月荣	施慧彬	赵　珏	袁　斌	顾文忠
钱伟强	赵睿鹏	唐世春	曹国权	崔龙兵
疏保东	满江红	戴祝生	魏春林	张会师
陈　旭				

1987 级

万　玲*	马旭东	仲建华	刘大庆	刘延乐
刘　静*	杨志平	郁　文	郭　军	姚风雷
黄　伟	曹艳萍*	渠运东	彭仁彬	曾令森

颜景森	潘　飙	王　玥*	王雪梅*	孙红智
杨　军	吴水炎	陈春瑞	陈卫东	和向文
周　剑	周春利*	袁文伟	姚金志	曹奇原
童华志	幽建菊*	蓝　敏*	籍荣生	方建平*
冯新春	冯创业	朱桂友	许光北	刘军熙
苏民春	李　冬	李英俊	李　庆	张志华*
陈汉永	陈培根	陈　明	柼中文	保翰璋
聂　洋	夏玉云	郭思民	凌晓梅*	浦卫兵
曹劲松*	梁润泽	谢健鹰	王　蔚*	王　峰
叶朝晖*	宋洪波	朱　勇*	李　宁*	李宪璀
李俊山	张　峰	张文成	周宇翔	战　捷
胡桂兴	徐映怀*	蒋澄宇	谢永林	雷丽宏*
丁　阳	马永伦	王宇红*	谷　力	许红忠
李剑锋	宋晓明	林黎明	赵　林	姚文平
袁春艳*	殷　俊	梅国景	将林华	将祖国
谢家东	丁良堂	李继勇	李剑锋	吴坤炎
吴佩红*	沈志强	张志阳	武少兴	周　铎
费　诚	俞安斌	贾建兴	夏应菲	徐　宾
黄国雄	戴丽华*	申屠海港		

1988 级

王秀玲*	朱　斌	刘清琳	毕赟田	李九生
李景宜*	张东亚	周玉宏	周伟民	周国庆
周德雨	施小斌	候书贵	贺瑞清	徐春明

郭晓东	郭震宇	谢格云	王　军	王　谦
吴应立	余克服	陈新利*	郑军海	徐晓琴*
郝艳丽*	蒋拥军	魏光飚	丁桂忠	马　迅
石　磊	孙　玉	许国武	刘响东	刘敏慧*
张　维	张红梅*	张明杰	汤国平	屈文军
周胜昔	项建维	饶盛和	袁　静*	高俊合
徐　华	徐爱民	徐晓明	奚赛瑛*	崔　庸
郭云曦	温立新	傅学军	王　建	孔兴功
史仁灯	阎　石	李　杭	范琼发	郑　飚
蔡晓儒	王广兰	叶　霖	朱诗亮	李文良
陈沛庆	陈佩银	钟　宏	钟垂界	徐文艺
魏玉香*	马学刚	王洪涛	刘小明	刘连文
吴　伟*	邱立钦	陈义兵	陈海宇	金雨生
金　毅	周朝阳	顾颖顶	魏　斌	王智群
王福晓	李　翼	苏省玉	邵　芳*	陈小怡*
邹益民	高　峰	傅　诚	马德林	李铁军
张芳荣	张敬阳	张雄健	杨守业	胡　勇
夏群科	郭　昀*			

1989 级

王安斌	杨列辉*	李玉龙	邱文星	张　又
陆现彩	陈　雨	陈晓东	陈　康	邵云海
郑　榕	谢桂中	管　瑜*	王先锋	尹　晋
甘万祥	龙世昌	吕亚琴*	李　俏	吴　威

张　勇	范　立	周立新	赵璇琴*	赵　宇
高　燕*	曹金宝	靳　波	裴宏亮	丁　强
于　成	王金宝	艾　瑶*	朱　鹰	庄　岩*
许予川	孙　历*	李胜群	吴晓华	张海峰
范湘涛	周　倩*	周曙东	黄　海	程　崎
尹宏伟	叶　宁	刘　庆	李　婷*	李柏青
苏楚平	吴梦霜*	吴义军	吴进宏	张喜慧
陈　东	夏山鹰	钱来智	容　玮*	曹长群

1990 级

孙　珍*	纪红军	张　健	路晨曦	王见军
李晓宇*	罗俊成	熊贤明	杜延军	林鹤鸣
易臻希	钟志洪	钱　辉	王　斌	陈楚铭
马建勤	林立强	周向丽*	章舜仲	冯　蘅*
童庆阳	滕海龙	徐　斌	梁　毅	万贤纲
吴炳来	范建军	鲍晓东	孙东晖	李晋军
何宇航	张国海	钱　琴*	康志峰	王纪东
刘卫云*	金曲生	王新芳*	卢跃飞	杨伟忠
李　岩	张　韵*	张戎垦	舒细秀*	李　黔
王卫红*	王　菁	倪阳洲	李　飞	李开端
李　晓	俞勇军	曾华奇	曾祥辉	翟郁葱*
马　靖	石　昕*	吕金昌	任　恪	任克平
刘　怀	徐应成	蒋步东	王仙琴*	仇　纲
方从益	朱海燕*	陈淑祥	秦涌泉	黄金军

童荣国　谢　锋　毛长江　朱云峰　张建州
姚　远　徐永明　郭维祥　褚凤珍*　黄小龙
符　琦　颜备战　龚玉奎　候　杰　韦吉重

1991 级

王增福　郑之明　徐晔平　王国强　李才明
吴何兵　沈　琪　钟　锴　骆敏昌*　梁春利
林黎明*　袁舰波　童远林　万向荣　王觉富
刘晓华　黄建国　程　清　刘　俊　孙晓婷*
何　涛　樊隽轩　马利平*　陈爱林　涂　俊
段春军　彭　伟　宁文务　朱珺峰　范晓明
周兴勇　徐洪钟　黄爱国　刘　展　李振华
邱玉航　张春华　王宝军　刘永浩　李鹏涛
吴　堃　邵光辉　罗悦军　郑乃旭　洪　辉
马千程　朱　亮　仲从斌　刘国灿　李　琦
何文奇　张大祥　陆启鑫　邵伟明　赵本河
赵德君　熊　刚　徐　迅　程明现　刁丽娟*
于春水　刘　璐　刘德伟　牟海滨　陆官虎
周泽群　贺子峰　高春彦*　田　营　成福春
刘金红　刘玉蓉*　李　渭　何　勇　罗　谏
刘朝晖*　杨照柱　李　城　陈上仁　徐　伐
黄文锐　黄盛忠　黄凌云*　章友良　康　翔
解志强　蔡兴权　王　可　王平涛　刘立军
徐焕武

1992级

王振亚	岑　峰	张　进	张　斌	程弘毅
李　强	柏贞振	罗晓颖*	李永祥	连英强
陈　曦	王　勤*	周　陟	郑　鑫	胡松林
高兴森	黄照强	齐芳燕*	曹玲玲*	夏五生
李　健	陈文波	郭　军	吴　强	李建群
张　强	单泰松	许　劼	何长鸣	罗　亿
赵宝山	祝春火	谢放平	谢　涛	褚睿明
王　静*	曲亚东	刘加才	牟伟民	陈　锋
郑双喜	胡雪梅*	潘志勇	马克刚	代　明
李增通	吴焕明	张战胜	周圆圆*	李建群
高　健	马玉东	王玉民	王晋强	刘　舒
李晨辉	张文涛	陈飞鸣	陈建华	郑　贵
胡清乐	徐双阳	黄声威	曹武勇	葛小月*
王海芹*	杨文政	陈　旸*	郭求远	高　斌
盛彦瑾	梁芳斌	覃启秋	雷永良	芮晓峰
李文青	李国新	陈宏林	郑榕峰	单训平*
韩晓莉*	蓝志勇	熊志远	仝卫波	刘永杰
同　辉	孙雪峰	吴　峻*	张维东	黄　球

1993级（宝玉石工艺与监测专业委培大专班）

冯　哲	卢　军	刘洪亮	孙海婷*	于士奇
孙传军	朱　雷	李晓燕*	王　敏*	尹克聚

张立权	冷开江	张　文	周厚贤	陈名领
魏　奎	刘红金	狄爱玲*	汪　浩	

1993 级（成人教育）

徐　勇	张　弘	景　屏	叶　虹*	严三保
卢炳南	陈伟凌			

1993 级

周　越*	黄　瑾*	王晓娟*	卢志红	汪　洋
高贵和	王大山	汪新平	邓光文	黎荣锋
邵　明	田国良	李　霁	尹　涛	黄迪颖
张志权	廖　渊	吴　刚	孙菲菲*	张　凌*
王丹利*	叶　明	崔　凯	谭衢霖	周辉强
方利智	练胜华	魏松林	杨军锋	吴庆龙
薛郁辉	陈　崧	魏黎明	邢宏宝	方　志
杜国栋	张志稳	王浩然*	毛鸿丽*	严惠君*
李卫平	肖卫勇	周　翔	冯联会	李洪武
康　旭	吴春华	李　东	殷小龙	隋永波
喻志勇	刘志强	文成玉	杨　军	徐守军
鞠苏阳	廖伟华	王　烨*	王　沛*	张　蓉*
马硕秋	毛建祖	许军委	宋　涤	杨余江
梁　月	刘金辉	彭志鹏	沈寒晖	卢毅然
和佳良	李　剑	陶文龙	于雪飞	杨　俊
潘　敏*				

1994 级

范春方　郭永福　李　靖　李宏宇*　林　颖*
牛战胜　王　彬　温　峻　徐光平　印栋浩
于辰声　周　旋　周丽娅*　季　辰　朱明新
范建国　蔡广奎　蔡永鑫　陈　磊　陈华权
陈　慧　陈　巍　戴　钊　邓成邦　邓志常
杜兴华　方　瑞　冯　帅　葛　锐*　苟永刚
韩　涛　姜　鹏　梁　杰　刘　利　刘海冰
彭佑勇　邵崇忠　田　华　王　健　王海庆
薛　庆*　严亚峰　杨　剑　张　烨*　张长龙
张　强　赵　磊　朱桂娥*　朱　军　左振鲁
陈　鹏　陈　勰　单　勇　段　芸*　高晓娟*
韩宏建　黄国祥　梁鲲鹏　廖恒军　刘俊昇
潘燕宁*　沙　蓓*　唐长佑　王国欣　王耀光
吴世君　邢志东　杨德信　杨东辉　应晓曦*
张　夺　赵成浩　赵　剑　周海宴*

1995 级

丁永兴　丁德斌　于际民　田京辉　刘开先
冯　晴*　胡雄星　张志远　陈俭喜　高剑峰
黄勇江　董少春*　谭清泉　丁臻敏　王　愚
刘加松　刘豫翔　杜典峰　吴运清　金　莹*
梁　亮　魏　磊　王大海　王文灵　韦俊辉

刘　慧*	林　玮	刘天柱	何　芳*	何清雨
李最森	陈婷婷*	张永波	章　华*	黄　震
彭仁诚	龚向宇*	赫　野	蔡家宏	王帅芳*
艾　飞	刘　琦*	肖　奕	李媛静*	汪　浩
陈鼎汉	周劲风	康　强	潘　震	王　烁
王　蓓*	刘绍文	李　珂	李　莹*	朱文恺
胡国全	马　骥	徐　真	邱　波	沈　建
吴志祥	梁　钧	黄小鹏	秦　然	谢纪海
戴　岱	葛彦龙	黄才多	郑　昱*	张　岚

1996 级

陈　俊	李晓峰	刘苏明	陆洁民	孟　雷
苏晓云*	唐　智	唐中平	吴昀昭	袁重喜
曾文俊	张　迪	赵葵东	赵　良	朱李鸣*
左艳华*	柏小东	邓立立	黄生海	康逢学
匡尔峰	刘　晨	马　勇	邱军宝	孙亚哲
肖红全	邢玉芳*	杨　东	羊　晔	姚　远
于拥政	周　进*	邹园园*	卞锦宇*	崔健伟
丁　勇	范永健	刘战锋	史海锋	王　博
王　敏*	吴振君	熊彦辉	徐洪河	许宝田
尤　迪	俞　缙	袁洪基	赵峥嵘	周汇光
阙朝阳	陈　军	程　诚	韩国强	李　豪
李　明*	李晓兵	刘　峰	卢海萍*	吕　鹏
祁长青	王　炜	吴南平	于大勇	于航波

张健　张林松*

1997 级

蔡晶　陈永权　戴宝章　单志强　董琳*
郭志勇　韩用兵　金洋　吕安　毛鹏
聂艳明　任金开　宋文彬　孙亦彬　王德明
韦丽佳*　于昊　张爱铖　张静*　周长征
陈博　戴义　高志伟　古志峰　郭万磊
胡鹏　华明　黄俊诚　蒋安纳*　鞠汶奇
黎锋　李志宇　梁超荣　潘涛望　汪毅
王萌*　王小星　魏恺　肖剑　徐进
阎婷婷*　殷宝玉　张妮*　邹征　陈彦*
丁虎　丁俊英*　江彬　李斌　刘正国
潘宇观　施小清　史有顺　苏晶文*　王浩
王进　王孝磊　王瑜*　魏来*　吴帆
吴金铭　吴仲平　许崧　尤骏　张鹏
张庆芸*　张荣　周杰　周露芳　蔡奕*
陈晓东　江思珉　李克金　李亮　李征
毛予倩*　钱晶　饶刚　邵莉*　王进
魏星　吴林儒　夏海洋　言鹏飞　杨沽吉
章明　张嘉山　赵蕾*　周青　周庆洋
周睿

1997 级（成人教育）

任　萍*	李涵宇	许　鹏	朱健彬	马　静*
蔡　捷	江　泊*	李玉琴*	霍　伟	赵莉莉*
汪　惺	朱长征	彭　凌	王　骏	吴　俊
陈伯忠	郎莉敏*	庄　磺	刘　梅*	周兴华*
钟晓龙	丁　宇*	窦可伟	朱世芳*	时　磊
成冰峰	陆　唯	许寒秋*	郭　亮	刘　青
祝　祥	周伦艳*	韩正跃	吴　洁*	吴文辉
董　馨*	缪海荣	李　菲*	范吉梅*	胡永兵
巢　椿*	汪　强			

1998 级

陈为伟	程　璐*	崔何亮	范钦成	龚乐冰
过志欣	陆尊礼	宋　杨	王大业	王丽丽*
王早早	邢崴崴*	徐云海	杨　乐	于艳丽*
张　淼	赵建崇	郑　翔	朱筱婷*	蔡　勇
楚　伟	高　望*	葛　蕃	顾晟彦*	管毅鸿
贾克亮	李炳韬	李　炎	李　觃	鲁为敏
陆志均	孟令凯	史宇坤*	宋敬祥	王昌林
王　超	王　巍	王伟达	吴志华	张　惬
蔡国成	曹　骏	陈　鹏	崔砚巍	何永寿
黄昌硕*	姜蓓蕾*	靳　莉*	刘靖峰	刘小毅
任中方	孙伟晔	汤晓茜*	王　伟	杨　洋

尹朝阳　于海涛　张学谦　赵　韧　卜　璟
翟　鹏　高　鹏　郭　巍*　郭　幽　胡陈华
胡　睿　黄　蕾*　蒋军熙　钱　伟　沈洪婷*
沈　淼　陶　琼　王国光　谢　磊*　严文昊
杨雪奇　杨　勇　张慧敏*　郑　云　周　舟

1998 级（成人教育）

王海友　季屹东　茅　健　张　晶　师　亮
孙　亮　周　亮　鲍　旻　陈　瑶*　柳士红*
衡传静*　施爱芹*　盛　勇　佘　静*　巢　椿*
乔　骏　宋景泽　吴　玲*　毛　凯　杨　志
邓琦凤

1999 级

陈澌苇*　高　磊　顾敏智　胡　建　季鑫鑫
陈艳丽*　陈　佳*　王　坤　朱　敏　刘　波
徐　震　杨　涛　杨振华　余绍立　余小军
张　巍　赵　祺　周　枫　朱铁楠　吴趁伟
孔祥龙　李　娟*　胡　波　王曙宁　潘晓磊
孙　莉*　陶国亮　王晶晶*　王盛校　王　硕
魏思贤　颜朝阳　杨　帅　姚　峥*　卓　越
陈　华*　陈建军　褚秀婷*　丁　昕*　黄　斌
李慧星　梁小凤　马　锐　马　曦　缪　旭
徐　速　王小敏　吴本君*　吴干华　吴　凯

徐锦钱	许兆高	杨隽永	张　剑*	张兴建
索文斌	吴　涛	董　婷*	朱伟伟	董宝清

1999 级（成人教育）

胡跃林	乔蕊娟*	王　晖	诸　晴*	朱其荣
李　恺	项　飞	黄　琦	刘苏雅*	李艳琳*
许　嵬	乔　羽*	李明慧*	陆丽华*	鲁晓玲*
周　鹏	齐道嘉*	吴　庆*	翟　荻*	邓小龙
郑　鹃*	董　薇*			

2000 级

卞　宁	陈　萌	陈冠天	杜英杰	高小康
黄　浩	黄建宝	贾秋鹏	李伟强	刘显东
陆　赟	罗朝洪	王阎昭*	夏　磊	徐小冬
张　驰	张君君*	张佩佩*	章　文	王雯洁*
张文轩*	曹加林	陈　曦	高　玲*	葛红艳*
韩　阳	柯　伟	李　敏*	周　琰*	罗　吉*
缪　鹏	王　伟	王　翊	王　翼	吴雪枚*
赵振华	夏　敏	周　茜*	薛紫晨*	严莹莹*
赵　辉	李历立	庞　博*	王　曼*	颜亮亮
周　健	曹　锐	陈峰军	何东林	何益飞
来亚东	李继民	李乃旺	彭光耀	宋　震
唐圣原	王小明	吴澄宇	武　霖	严心波
虞　鸣	朱海骏	朱亚平	刘　浩	刘志强

门　伟	曹　莹*	陈　颖*	胡西嘉*	季月华*
金　蕾*	李　敏	李文俊	李晓鹏	李欣雅*
刘德朋	吕　菲	吕　华*	邵薇薇*	童蔚蔚*
王　森*	王小文	王宗彦	夏　源	杨　靖*
杨余巍	叶　晖	殷志鹏	余世鹏	郁　敏*
张　挺	张宗驰	赵刚娃	周　敏*	

2000级（成人教育）

徐　喆	林　萍*	顾肖洁*	厉　波*	陈　晖
周　洁*	张　媛*	陈玉磊*	程向升	李　勇
杨　舒*	刘　璞*	李　园*	钱　江	张　月*
徐华平*	庄明善	李　俊	刘　妍*	王　敏*
唐　磊*	胡小洁*	周　黎*	周爱峰	赵炳鑫*
武　娟*	黄继旺	孙　梅*	陈文娟*	张　怡*
顾晓波	焦国海	成　斐*	刘　超	倪　锐
蔡　葵	章建萍*	管　霄	石双府	黄志伟
孙　勤*	陈　波	赵　霞*	刘艳蕴*	窦　堃
毛振之	吕晓荷*	牛静娴*	冯　君	周　杰
房　强	武　晶	孙成瑶*	夏熙逊	丁　锐
李　佳*	倪亚进*	王　陈	金昌一	刘　晗*
孙　燕*	朱　静*	刘　义	居　静*	季　亮
杨　娟*	沈晓天	周翠兰*	姜明霞*	葛　伟
谢　飞	孙建建*	何　立	钟　慧*	郑志斌
陈　媛*	刘海丽*	李志宇	张荣霞*	徐良智

王燕*　张凯　吴许洪　陈美萍*　姚诚
万晓花*　吴珺　蒋文明　陈南添*　任慧*
薛博元　王倩*　宫良　陈黄彧　张亮亮
赵蕾*　马继祥　窦志亮　包菲菲*　王锋
成懿*　许华雷　王茜*　孙朝玫*　许涛
陈倩*　沈俊　张海玲*　金涛　柳海萍*
王钦　胡盛甫　徐玥*　孙波　姚江
袁泉　季毅*　张强　张擘　魏红珍*
倪叶*　叶少俊　甘露　王莉*　李苏*
蒋波　张亮　赵晶*　王燕*　陈庆
高仪　王国兴　王宏丽*　郭婷*　徐阳
冯磊　魏娜*　夏婷*　吴楠　施争争*
张英*　高多少　杨军　张晔*　李剑青
倪波　林晨*　张懿琳*　朱琳　杨海莲*
秦玉梅*　陈步强　何鹏　邹依*　刘伟娜*
侍作亮　王兵　武海燕*　周靖*　赵奕
金斌*　王珮*　冯福祥　谭颖*　王玉卿
汪羽*　宫维伟　夏楠　陈昕　刘强
王晓军*　董晓*　史骞　钮睿嘉*　施国旸
裴炜敏　吴文亚　郭鸿剑　张黎娜*　范凝郁*
孙国祥　乐莹*　吴坚　王丰奎　陈甜*
黄佳荣　孙波　黄超　吴鸣杰　谢露露*
惠芳*　龚晓欣　胡娴*　王丽卉　廖昕*
陶明　王锟　丁维　王莉*　刘敏*

徐　俊	夏兴通	王　蕾*	李　健	戈　亮
支　娴*	殷严双	王冬梅*	金　浩	曹　莹*
高　源	陈　佐*	周　玲*	谢　莹*	张立敏*
李　勇	袁　洋	周亚萍*	王立美*	郑　彬
郭少卿	吕　途*	钱文天	薛　蕴	郭　艺*
朱向阳	丁　涛*	吕　磊	朱立飞	王　康
于　辉	邱　杰	江　滨	周　娟*	张　静*
陈　洁				

2001 级

陈　祺	曹贯中	陈佑纬	车旭东	周　炜
陈长河	胡　鹏	邓焕潇	陈国成	周　玮*
崔玉楠	霍吉祥	丁晓辉*	范　健	杨小男
胡　盛	陆　乐	丁宇峰	黄会清	张珊珊*
李　料	闵　望*	葛　璐*	姜　英*	赵明惠*
乔海超	彭　伟	韩宇捷	李晨曦	赵统一
史习雯*	王江波	何　坤	李高军	杨　侃
吴　罡	王　林	侯　俊	李建华	朱冉庆
许若铦	吴华桥	蒋一飞	李　奇	田晓刚
张晓智	徐红霞*	李　达	李　真	王丽娟*
赵小云	周　峰	魏震洋	赵　功	沈晓洁*
尹细伟	刘　戎	刘　博	杨菁菁*	闫文波
于伟蓉*	刘小磊	罗　良	徐　琴*	尹　坤
余　寒*	龙光明	毛晓炜	张　哲*	潘燕兵

曾　文　　马野牧　　郭　劈　　高　龙　　姚　犁
陈　杰　　闵　豪　　浦怿青　　王丰茂　　周　耀
别　致　　陈　昊　　上官导城　　盛　剑　　邹　涛
杨　鑫

2001级（成人教育）

李晓洁*　　夏大伟　　周　斌　　陈伟华*　　黎　韡
黄　京*　　余　波　　范茂林　　钱晓琴*　　丁　环
胡　晔　　蒋晓璐*　　焦志军　　张建菊*　　邓　宇
王勤芳*　　虞艳艳*　　陆亚威　　王　静*　　刘启俊
钱　丹*　　黄晓均　　吕　娅*　　赵庆勤*　　冯　源*
钱　廉　　张云磊　　陈　军　　张　懿*　　蒯立天
俞　婷*　　蒋柳翡*　　李圣光　　王业虎　　李　娜*
潘　沛　　陆　云*　　管文举　　庄　敬　　高　鹏*
秦　艳*　　吴佳丽*　　魏姗姗*　　宣建国　　史　洋
董　永　　张　桓　　王惠芳*　　施海涛　　周　芳*
张海清　　王　成　　赵　扬　　冯　凯　　王　玮*
韩连社　　康　胜　　季学露*　　张　凯　　张　超*
黄亘亘*　　张惟宁*　　项　波　　曹晓毅*　　黄　澄
王　强　　杨月华*　　陶廷春　　李　娟*　　田媛媛*
吴　剑　　黄洁鹏　　王春艳*　　周　智　　方培静*
俞　绚*　　严宝成　　陈　翀　　麻　杰　　陈　云
许　俊　　冯韦华烨　　王静颖*　　卢　妮*　　郑丁杰
周晶晶*　　李明杰　　石莉莉*　　张参参*　　赵　斌

徐锋	顾健	刘雅君*	成超	荀庆华
王水*	梁盛	倪建飞	郝士凯	徐芳*
陈鑫	姜琴*	朱林霞*	施雯雯*	施雁杰
褚靖*	陈是	张瑞	王燕丽*	罗鹏程
张玮玮*	吴娟*	刘莉*	王亮	王高站
沈路平*	贺旻	李婷*	张世玉	高吉
刘青*	吴阔海	顾林花*	吴进友	杜飞
王玮	苏小庆*	陈吉	高玲*	陈亚芳*
徐艳*	满忠霞*	梁锴	龚韬	顾恒
陈斌	倪凡	吉凤英*	李晴	沈婷*
陈先玲	张海侠*	卞娜*	蒋锡娟	汪广涛
岳中杰	王永洁*	郭伟	严翠珠*	毛勇
黎梅*	周袁媛*	廖敏*	赵永庆	朱良燕*
赵晨	许佳佳*	张芳芳*	曾璐*	胡磊
张伟	党辉	苏美玲*	田宇	崔瞡*
李梅*	张安宇	金璐*	杨婷婷*	张剑
刘颖*	刘业庭	李超	陶然	李沈艳*
张红*	马磊	吴欣	杨玲玲	

2002级

鲍学伟	曹晗	曹钊	丁东	尹钰清
褚杨	陈明珠	陈阳	方珠峰	禹尧*
高宇	韩婷*	陈智强	高磊	玉强忠
黄周传	李家奇	丁海	贾成孝	曾罡

李一泉*	梁玉雷	胡乔娜*	刘德芳	张一歌
刘庆国	刘　春	邝宇斌	徐月平	赵海香*
缪阿丽*	刘　浩	李　亮	许俊泽	郑国东
史　天	刘　瑾*	李　真	周　洁*	郑　强
王建刚	戚思超	刘四海	谢　敏	郑新源
王　涛	祁　堃*	牟东川	杨志军	朱蓓蓓*
武　岩*	王　春*	苏贵珍*	詹启伟	朱　碧*
叶　子	王　昕	王　躲	张新庆	胡　平*
张　洁*	王艳江	王弘历*	赵昱东	黄　晟
张元元*	相　雷	王　孟	顾金略	徐嘉荣
叶　雨	谢小敏*	王天刚	罗常青	王小林

2002级（成人教育）

李康浩	金　鑫	史　萍*	胡丽燕*	盖　扬
陈锡武	丁　亮	王　靖	黄亚新	王　婷*
朱梦溪	韩　燕	赵　辉	许　洋	陶乐涵
杨有创	黄　鹭	钱　静*	王全华	吴开文
李　威	沈　萍*	薛　山	王　波	陈燕华*
胡　欣*	黄　仁	李黎明*	朱素霞*	洪　岩*
王　艳*	刘永权	朱　韡	官丽华*	陈　巍
腾　县	周燕飞*	汪　汛*	王雪山	巩　卓
陈　昱*	袁利伟	张　洁*	田　斐*	易谭娟*
沈　琪	魏艳伟*	周　婷*	李海军	王　茜*
祝茜妮*	陈　纬*	王晓东	李　好	江晓明

范芙蓉*	成庆云*	王小芳*	管　菁	毕　伟
陈利君*	马　睿	楼　芳*	王海涛	潘　振
许　蔓*	张志晶*	凌　彬	朱海平*	赵李峰
杨志杰	卜添添*	陈　莹*	雷　洁*	周　珊*
聂　超	孙　熠*	程　南	徐海祥	谭启林
缪　云*	朱智敏	张　璇*	腾　琦	汤　玉*
王　坤	赵开强	李昌雷	陈　颖*	杨　熹*
叶晓庆*	徐　钢	陈　冬*	侯　庆	周　翔
李　静*	顾海霞*	费嘉宁	赵玥佳*	陈雅军
尹　婕*	张　艳*	王丽娴*	杨娟娟*	郭　斌
崔文静*	高　艳*	张　纬	李　铁	林　明
范　晨	褚　靖*	禹　璐	曹　艳*	陈玉磊
程向升	杜　威	周　洋	陈　佐*	谢金娟*
盛伟兵	曹毓芳*	孙　勤*	陈　潇	蔡永芳*
马雪涛	孙　霞*	刘　晗*	盛伟兵	陈　洁
颜东亮	董建江	陈　超	周　雷	冯　斌
张　洁*	戴月娟*	陈洪华	郑　彬	冯家恒
任　晓	奚长盛	杨　娟*	李　佳*	赵小芳*
周　洁*	黄　悦*	顾　欣*	姜　炜	陈　艳*
施晓梅*	孙建建*	黄荣荣	郭　浩	肖　雨
胡卫红*	孙　波	邱文涛	李凤莲*	赵　和
徐海建	章　宇	于　明	陈　晖	徐　刚
王　贤*	包菲菲*	浦　明	王　锟	胡小洁*
王　俊	彭　佳*	谭　洪	孙　燕*	殷红梅*

周 海	高卫民	陈 丹*	蒋亦丰	曹春辉
陈 波	顾传宗	武海燕*	王晓军*	朱 静*
徐华平*	钱振华	张国志	武 晶	唐 磊*
尹 黎*	伏胜强	王 玮*	郑 辉	丁 锐
孙 波	李长风	于 磊	杜鹏杰	

2003级

曹 帅	曹亚珍*	陈笑寒	曹 璐*	卞南茜*
陈昊春	陈剑雄	郭相奇	侯智勇	陈 键
陈 靖	姜海波	韩 涛	吉丽青*	陈天宇
董 亚	李 庆	蒋 青*	南统超	丁 雨*
傅 力	李 帅	郭 昱	任国澄	董晨阳
韩 非	林 昱*	蒋顺兴	施 睿*	何 波
李 吉	孟 刚	孔维亮	宋 云*	李 伟
李战强	孟令森	宋伟明	田 巍*	刘志超*
林式微	孙圣思*	谭 锴	吐松江·买买提明	
王泳漪	刘 权	王 攀	高瑞雪*	王 磊
张 晔*	陆春华	向 磊	陈 清	徐 东
朱春华	朱 宇	肖光铭	马 可	闫 兵
魏 莉*	朱志敏	张 平	缪世贤	杨 磊
邢 姝*	何 同	张 松	乔恒君	姚亚琳*
阳 洪	邹春江	张文国	宋博雄	叶 鸿
赵理政	朱文彬	章 健	谈少武	张亚平*
王 可	康宜军	黄 晖	谭海军	周璐莹*

王　媛* 娄小军

2004 级

陈昊阳 曹东方 黄　敏 曹晓晖 徐昊翔
陈　洁* 陈　崧 刘友祥 陈　明 徐继嗣
陈　露* 丁　辉 罗　翠* 邓振兴 徐　润
戴娜娜* 丁蓬莱 牛亚卓 高　敏* 杨　飏*
董丽萍* 过　洁 吴苏瑶* 李金华 于道全
葛荣峰 韩兆海 杨　龙 李林子* 张　帆
郭志伟 黄锦木 杨云聪 刘　瑞* 张明瑞
胡晓敏* 毛海斌 张嘉良 刘　垚 张　勇
黄　倩 潘扎荣 艾比比罕·努日* 钱　川
张　臻 黄　韬 沈　康 陈岭啸* 荣晓露
赵博文 陆俊宇 孙　超 褚智慧 尚晓舟
郑碧海 陆一锋 万佳俊 杜　赫 施佳峰
周珂慧* 吕天民 王益壮 李晓伟 孙　睿
朱建明 罗　莉* 王玉海 沈飞彪 孙晓敏
朱　青 沈无知* 吴　强 沈　瑶 唐天舒
徐乃芳 盛　玲* 吴晓明 孙立强 唐　甜*
许明星 王　飞 肖　平* 谭　亮 王小刚
袁小庆 王　菲* 幸大军 杨俊杰 杨　运
张　瑾* 王兴臣 徐爱淞 杨水源 曾德康
朱元超 武　龙 徐　枫 姚　静* 张　霆
伊力禾木 赵　超

2004级（成人教育）

马艳*	焦志军	付刚	郁庆庆	赵冬菊*
荀庆华	杨蒙	杨梅*	顾萍*	杭阿军
方静*	魏浩	李向宁	彭济慈*	陈鑫
沈余东	许琛骢	石锋	朱斌	姚丽*
周斌	李晓洁*	李展	丁丽萍*	樊荣荣
刘欢	李如松	蒋锡娟*	吴双	倪芳芳*
季学露	吕菲*	周黎*	朱高飞	王常君
黄红娟*	顾振寰	刘奇	李娟*	马萍*
李海军	贾乐*	鞠娟*	邬维娜*	杜莉*
冯彦	程建	赵斌	胡颖*	韩露
许福标	朱伟平	陈是	高志	李圣光
黎韦华	卓宁	王强	史国良	马燕珺*
宋垚	刘爱国	钱丹*	余伟	邢燕*
蒯立天	沈婷*	张海滨	蒋彬彬	王伟
顾姝明*	孙涛	袁安康	徐海霆	冒昊
张迁*	朱颖杰	王永振	陈斌	杨小琴*
单志袒	吕达	张以灏	李梅*	程莉莉*
汪亮	顾明霞*	施海涛	李夕兵	杨舒*
李悦	季晓丹*	蒋柳翡*	苏肖红*	葛雅娴*
王康	张文飞	徐源	李楠	彭庆奎
薛柯玄	刁晓圃	张翅翅*	郭伟	陈杰
赵扬	夏大伟	王娟娟*	汪康	曹然

居波路	卜晶晶*	岳 洁*	丁 峰	侍伟伟
印智杰	魏 霜	樊 睿	许 艳*	王 宏
刘思轶	施雯雯*	王欣萌*	邬 芳*	卞朋兵
王圣华	武传艳*	窦 菲*	王 芬*	姜魏魏
顾 闻	吴冬辉	许天福	邱 超	孙 剑
张 莉*	周国庆	芦 嘉*	孙声楠*	沈倪坚
须晓婷	徐胜祥	侯 艳*	季培培*	赵 结
季 莉*	张 君	俞大为	黄 莹	陈 磊
俞 峰	刘 军	杨 艳*	吴晓庆	窦志昊
万 鹭*	蔡 静*	单晓婷*	魏晓莎*	陈月园*
高 博	丁子华	骆长松	史 敏*	高 昊
万 静*	张 鑫	钟 钰*	陆向晓	张 磊*
周国兵	史 磊	鞠卫东	陈 露	李 闯
童雯君*	黄 霞*	龚 丽*	王荣珍*	刘万秀*
宋娟娟*	许广生	施卫健	李 苒	孙丽萍*
庄烨帆*	崔段涛	王佳丽*	李兆伟	张 堃
李 燕*	魏露露*	王 莉*	王洁韵	何 静*
徐爱平*	张 强	季 春*	王雪玲*	姚 昉
王 帅	黄 涛	诸晶晶	郝春凯	郭 露*
葛蕴翔	林 锐*	童 浩		

2005 级

蔡晨光	梅小林	阿不来提	毕 港	刘 芳*
陈欣阳	盛青怡*	曹慧建	范钰坤	刘瀚洋

伏顺成	王 敏	曹乐瀛*	冯银波	马 越
黄文涛	吴 聪	陈 辉	高 军	孙平安
李晓春	吴咏敬	董 晖	葛乔乔	唐成虎
罗 兰*	曹张军	都 凯	顾宏伟	王 丹*
彭俊杰	范佳佳*	冯菊芳*	顾 凯	王 帅
任海涛	何菡丹*	冯尚杰	李恒震	王 宇
桑丽芹*	金正宇	高之业	李慧鑫	谢 飞
沈 礼	李 学	黄品赟	刘亮亮	谢 旭
孙义程	刘 阳	纪晗旭	刘 杨*	谢银财
王朝华*	钱若森	江孟珽	田 茜*	徐 晗*
夏铭民	乔 頔	康婧婧*	王寿宇	徐 勇
于俊杰	施勇勇	李成祥	王泽睿	杨 霞*
张伯声	石 月*	李吉人	席 均	俞潇阳
张立虎	陶晓敏*	刘 波	咸会杰	张 琼*
张晓冉	韦健飞	周 沫*	徐 杨	朱菲菲*
张 振	吴睿奇*	朱 茗*	许 硕	李 季
赵庆岳	杨新星	蒋 鑫	杨衡峰	姚 婷*
郑 重	曾雪松	姜玉平	姚 龙	凌 波
周 青	张 维	朱孔阳	赵洪岩	雷长征
周 婷				

2005级（成人教育）

刘 波	王洪伟	朱韦华	严 翔	吕 强
张安宇	潘滢滢*	庄 衡	冀小梅*	曹月侠*

李发叶　朱海平*　李康浩　许瑞云*　陈延彬
陈欣欣*　胡翰　房庆　朱素霞*　毕伟
李沁　胡琴*　张冀皖　黄海丰　薛山
董峰　肖卫锋　王晓东　朱雪琴*　陆晓维
赵健　王锦*　胡欣*　吕晓荷*　王雪艳*
吴开文　王军波　任利超　武宜正　张钰*
杨志杰　华彩萍*　吴海瑛　官丽华*　管向红*
杜飞　周珊*　许蔓*　张鑫　张玮玮*
黄威　陈明　赵利*　王晓进*　廖玮
邵凯　徐莹*　张波　刘培*　宋涛
陈媛媛*　张耘　周金　王懿*　方磊*
张鑫　邵霞*　孔德斌　王勇　岳歆
戴海霞*　党春城　王艳*　李金銮*　王婵娟*
杜丘　徐倩倩*　顾玉梅*　迟思*　梁榕*
刘健　金诺　陈晨*　吕丹　汪蕾*
陆冰*　史超琦　徐雯静*　张妮*　黄秋敏*
刘慧*　范胤*　郑雅璐*　戴秋*　刘小云*
张静*　王燕*　唐敏*　夏天*　胡文婧*
孙旭　刘正泉　施元　陈耀

2006级

陈锰　蔡振师　陈航　龚文宗　毛小林
陈文建　冯冲　崔凯鹏　何俊　徐磊*
陈小勇　付磊　丁昊　黄彬彬　徐敏

胡　霄　　何　帆*　　堵少游*　　赖宜文　　左书豪
刘鑫鑫　　胡劲平　　葛　辰　　刘　明　　顾　辰*
马逸然*　　胡　镕*　　侯会军　　卢晓萌*　　李秉洲
王　浩　　黄浩德　　李　蛟　　尼加提·阿布都逊
吴　明　　魏晓椿　　姜禾禾*　　李俊伟　　邱佳荣
徐树斌　　姚金龙　　李鸿宇　　林　程　　桑　威
郑　重　　余志强　　李　慧*　　沙巴提亚·艾合拜尔*
沈征涛　　王亚军　　袁　峰　　李　响　　王　琼*
王　冠　　徐　范　　赵　东　　刘　飞　　夏铭辉
王　双　　杨　劼　　郑运超　　刘　潜*　　许　晹
王微微　　杨雨晨　　周金虹*　　毛韵喆　　闫玉亮
王献明　　于　文*　　朱梅倩*　　潘银华　　杨　禹
王叶娇*　　张鹏飞　　安　慰*　　商　力　　姚　遥*
徐超喆　　周　政　　黄馨禾*　　史涌潮　　袁洋洋
徐天放*　　朱　辰　　李敏业　　孙义杰　　郑　菲*
严珺凡　　朱婷婷*　　林安均　　王少华　　朱凌昊
颜文雄　　张振远　　刘　磊　　王　祥　　邹海峰
杨　荣　　周扬一　　马维蒙*　　王星辰　　刘亮亮
袁家光

2006级（成人教育）

王　琳*　　朱远雯*　　任春花*　　朱　坚*　　马　坡*
徐月红*　　王　珊*　　陈　倩*　　周琳杰　　成　名
朱万松　　张　艳*　　黄晓艳*　　杨　芳*　　胡雪君

林　旭	周　姝*	周　玥*	尹笑涛*	赵彬彬*
周　尧	汤可慧*	冯　丽*	来晶晶*	赵丹丹*
何　伟	赵　浩	焦以宁	陈惠勇	姚昌云
陈东进	赵婷婷*	陈和国	陈蓉蓉*	王　娜*
祁丽娜*	刘　红*	刘　芳*	王　涛	卞　薇*
李　芳*	张　翰	梁　艳*	唐　宁*	黄　俊
方久花*	张　蕾*	李　晶*	姚莉娟*	殷菲菲*
张　莉*	张　菁*	刘　苗*	张　琴*	万　能*
丁　勇	傅福英*	姜　娜*	时　康	张亮亮
余敦标	葛　娜*	黄啟华*	金小家	柏玉霞*
张莉莉*	李　玺	徐晶晶*	仇　妍*	高福伟
戴光跃	樊　静*	袁　媛*	李义飞	钱陈丽*
杨宁盛	沈　煜	倪宇鹏	姚　诚	周一栋
英林海	朱晓斌	魏蓝天*	王小甫	董战战
殷维健	陈大梅*	包冬子	神秀云*	孙　君*
汤惦叶	戴　飞	欧阳柳卿	刘元良	蔡　飞
田　峰	房　文	陈　翔	范　珂*	缪和平
顾静波*	孙光耀	徐　毅	刘　冬	缪　云*
张　赟	牛靓骞*	曹　郁	刘兰平*	王东霞*

2007 级

白　莹*	阿迪力江·阿不拉		陈倍佳	常　超
王世朋	陈博健	白　禹	刘白光	陈顺勇
魏乃平	陈丽莉*	曹　弼	曹　路	陈中阳

邬　斌	崇　毅	陈　云	陈　川	李　根
谢　龙	高晓冬	傅　强	陈　立	李苗春*
徐　洁*	何彦卓*	郭　莹*	陈晓锋	李刘昆
徐　启	李荣富	洪娇娇*	陈宇亮	刘　鑫
徐颖峰	刘　鎏	华敏杰	程　韬	马怡飞*
杨　昕	马　骥	黄孔盛	丁　扬	欧阳冰洁*
余　松	潘栋飞	蒋明宇	樊　翀	王海冰
袁春勇	钱嘉伟	金　剑	高　雄	颜　妍*
张　旦	宋　维	孔晨舟	巩伟明	张　婷*
张　鹤	孙　科	马登浩	何嘉健	赵梦琦*
张　猛	陶　哲	蒙　克	江野立	周　巍
仲伯军	王芳芳*	冉龙洲	李培林	周卫明
周星耀	王　龙	任凯杰	刘　宝	柯少斌
朱　诚	徐　良	赛依布拉·赛提瓦力地		刘光鑫
李长波	朱莉莉*	杨　肃	宋翔东	刘　时
路　睿	朱志勇	张爱华	苏克巴特	刘　毅
毛　敏	左翔昊	祝蒙祁	王尉妤宣*	卢　诚
曲长伟	解　围	张　枫	王屹皓	缪柏虎
施春华	秦　天	张昊宸	吴焕然	宁经志
张　涛	苏　斌	张云聪	吴汶垣	唐　铭
郑东东	晏　雄	赵　晨*	吴震宇	田　冀
朱翔宇	鄢丽芬*	赵树山	徐康凯	朱光耀
崔　翔	姚羲和	周春慧*	徐万泽	廖麦加*
范小根	虞　翔	周　臻		

2007 级（成人教育）

肖丽萍*	王　敏*	朱　琨	梅兰凤*	徐　兆*
高　原	王　莉*	赵　倩*	李维维*	屠晓梅*
袁玉霞*	仲意瑾*	耿　赟*	王佳晨	潘　强
毛娟娟*	李玉珍*	刘　燕*	李　倩*	陈亚琴*
赵　静*	吴　锋*	刘慧娟*	陈　珂*	夏　晨*
徐正兰*	陈兴华	孔　静*	刘　超	成　荣*
施　琦*	吴　娟*	黄　佳*	韩秋菊*	方　娇*
吴兴波	卫　佳*	胡　鹏	徐忠园*	陈　立
吴海霞*	韩　建*	张爱华*	刘堃磊*	谢劲松
陈　婕*	王世玉*	田　雪	王　伟	张曼曼*
赵昌银*	孙晓艺*	石　琳	李欣泽*	潘　萍*
邢丹丹*	岳艳秋*	程　龙	王　麟*	范红叶*
裴　威	王　亮	张　蔷*	黄　娟*	张　路
龚海飞*	黄有利*	沈俊宁	魏钧光	朱　超
郑　翔	李　军	李王丹*	童　超	杜　若
成丽媛*	赵　青	王金娟*	何君诚	孙小波
马晓君	王　潇*	纪　芸*	王　政	刘加美*
牛　亮	柳淼淼	窦　菲*	黄　艳*	贡明珠*
顾　群	董盛阳	徐嘉翊*	鲁佳坪*	王国伟
杨　倩*	沈斌杰	孙赋霞*	俞　培*	王　霞*
许　嘉	王　聪*	王晨阳	唐亚琴*	庞春华
朱雅薇*	潘　康	杜　磊	郑　杰	陈　琪*

王巧云*　俞大为　蒲文艳*

2008级

孙　武　崔　键　孙晓晓*　毛烨文*　赵陆伟
周殷康　张　驰　孙振宇　钱　海　毛　杰
孙　青　沈忱忱　汤中一*　时国凯　戎奇明
李晨阳　田　萌　唐亚慧　田　秀*　谭丽华*
王　霏　叶　靖　吴海光　王　瑞*　杨堂礼
兰腾达　陈爱祥　翟凌阳*　吴嘉维　左　伟
林惠彬　王　耀　赵建荣　徐　静*　文　逍
赵　童　古兰拜尔·买买提依明*　古扎丽阿依·库尔班*
阿里木江·亚森　阿依尼尕尔·艾合买提*　申铠君*
姜　昊　李　青　周　辉　吴启元　李石磊
姜伟强　刘　欢　燕　婷*　黄思宇*　杨慧宇*
李烨天　吴　鸣　胡元凯　丁伟品　曹凯悦*
冒福根　高建新　李　直　孟先强　陈　昕*
王军超　孟　烨*　杨振雷　吕晓宝　费　冰
吴静红*　黄立明　周　搏　王　帅　顾豪杰
张　琦　魏建欣*　张崇波　信丹华*　康文博*
高燕维　赵增霞*　张　帆　周天龙　李　磊
何雨霖　辛　宏　王　艾*　杨泽黎　刘明鹭*
林　谧*　颜世明　王兴元　姚鑫雅*　祁　超
吕菲菲*　张　斌　董　浩　努尔艾力·排尔哈提
凯赛尔·安外尔　依尔潘·艾尔肯　姚仲涛

叶斯波拉提·浩兰	王　雪*	李仲轩

2008级（成人教育）

盖连红*	薛　娜*	姜红艳*	王宗强	徐敏敏*
李佳倩*	郭　宁*	乔志龙	滕亚敏*	方　言
董茗蕾*	芮海燕*	漆俊波	陶　晶	陈　超
朱　立	王　颖*	朱　婕*	张海富	许　瑞*
胡邦花*	杨晓佳*	陈　敏*	鞠　虎	张晓洁*
杨欢欢*	狄　绮*	赵　亮	熊丽娟*	贾　坤
张　蝶*	范　嵘*	刘世朵*	江　园*	姚　超*
刘志君	李甜甜*	蒯玲莉*	张丽丽*	杨冬梅*
张　颖*	许　交*	王　琴*	孙佳伟*	郭芸芸*
张玉凤*	王方园*	赵　恋*	徐　菲*	程　慧*
孙燕娟*	陈　露*	李小凤*	徐　星	范起睿
郑　琪	单　婵*	檑丽艳*	李　灵	赵敬华
周常青	董　斌	吴亚芳*	蔡　茁	王　璇*
李　德	许　莹*	朱　晨	龚　晨*	魏宏蓉*
蒋　浦	杨　军	王佳怡*	马爱萍*	方美纯*
孙云飞	李彦峰	刘　杰	顾志龙	高璐寅*
蔡小磊*	魏海波	鞠　宁	朱海萍*	许　佳
郭　宇*	李　庆	王　琛	李　勇	唐　磊*
刘思思*	买松涛	李程文	高　阳	郑颖玲*
孙　蕾*	胥文菁*	张　杨	王　蕾	程宵磊
韩倩燕*	许　多*	张德佳	陆倩莉*	孙成敬*

李　芳*　王　萌　邓小春　葛　燕*　浦义花*
殷　超　张春城　赵　云*　盛静雯*　余志萍*
方序文*　郭　俊　毛家婷*　朱　琳*　刘　莉*
张　超*　夏　燕*　蔡　灏　谭雅婷*　周　清*
任　婷*　梁　昆　史秀清*　杨　漾

2009 级

阿不都艾尼·阿不力米提　阿布都热希提·阿布里克　冯欣羽
敖显书　黄　恬*　芦　汀　季　玮　钱慧敏*
白亢辰　金　霄　栾晓聪　贾新驰　邵　林
卞霄鹏　李　涛　马　譞*　蒋丽娟*　宋　靖*
陈　欢　刘　尚　毛亦喃*　揭　奇　孙　晟
陈舒娴*　柳　东　倪　超　蓝　凤*　孙宇翔
陈　涛　吕明阳　沈豪轩　李博程　唐　帅
陈　伟　潘君屹　赵　涛　李竑廷　唐　伟
陈文轩　邱文洪　杨若飞　李家帅　田　升
陈笑夜*　渠凯军　杨绍斌　李　建　童演斯
邓　忠　邵文静*　姚曦智　李　林　王朝炜
迪力夏提·努日江　万　野　余子濠　李筱宛*
王晨鑫　丁玉涛　汪　伟　曾　晗　李肖南
王德银　傅　鑫　魏广祎　曾洪玉　李宇婷*
王嘉诚　高濛瑜　夏　晗　张诚成　刘宝生
王　宁*　古再丽努尔·外力*　谢思文　张　澄*
刘登峰　王艺潭*　郭思雨*　徐佳卉*　张带军

刘　飞　　吴佳云　　哈力木拉提·塔依尔　　张春晖*
张　军　　刘嘉鸿*　　吴梦逸　　侯光星　　张　禾*
张顺民　　刘学良　　许珂璟*　　侯儒林　　张祖悦*
张　杨　　卢广亮　　许　敏　　黄保芬*　　赵　倩*
张　烨*　　罗　骢　　杨大威　　黄旭栋　　赵艳萍*
张悦铖　　马婧萍*　　杨青原　　周　游*　　朱　昆
张　云*　　朱明月*　　朱　臻　　周　发　　季丽彬*
缪嘉男

2009级（成人教育）

石　峰　　杨思敏*　　沙　莉*　　潘　春*　　王招军
高紫宣*　　吴　蓓*　　闻　君*　　徐晶晶*　　李　曦
黄绒香*　　杨　刚　　薛胜荣*　　张　烁　　汤　露*
田　鹏　　朱丽君*　　许冬芹*　　隋　欣*　　黄雨婷*
吴　丽*　　刘　静*　　李　荣*　　林家庚　　马美茹*
丁　瑜　　吴娇娇*　　韦文豪　　詹　科　　周　娟*
徐　璐*　　权　力*　　戴彤羽*　　杨　洋　　邹文泰
卞婷婷*　　邓　云*　　陶　剑　　张玉茹*　　唐　畅
孙　丹*　　李广为　　徐华佳*　　王鲁宁　　王　旭*
刘　云　　陈　洁*　　谭　艳*　　祝念念*　　杨高新
陈兴梅*　　于荣斌　　徐　俊*　　吴冷健　　宋心园*
张　霞*　　季巧明*　　苗　蕾　　刘春秀*　　朱赛迹
张　茜*　　张　锦*　　陆晓静*　　戴　鑫　　施仁英*
刘　建　　黄丽颖*　　张　强　　孟蓝凤*　　陈海瑶

汪文燕*	介鑫磊	邓　超	徐　寒	陆　邦
孙文飞	黄彩云*	于雪平	朱亚文	黄　蓉*
唐　菊*	谢玉明	曹洁洁*	张海峰	谭子君*
赵　梅*	王壮丽*	吴代亲*	龚春云*	曹祝英*
惠　怡*	王体庆	祝　婕*	陈娇娇*	蒋　毅
谢成祎*	黄　齐*	陈春美*	王庆丽*	杨雨辰*
龚锡华*	刘　明*	陈亚洁*	王小瑞*	周晓霞*
李　威	胡　慧*	周　琳*	陈　瑶*	李　欣*
陆俊杰	戴洋洋	吴莉莉*	彭良芳*	赵　媛*
侯立萍*	朱菲菲*	滕　静*	陈开宇	

2010 级

阿尔夏提·阔开依		王君毅	卢云平*	吉久霞*
张　彦	艾合买提江·阿布力米提		何凌峰	王　晴*
陆　陈	季馨婷*	张宇翔	曹　炀	王婷婷*
陆敏韬*	姜　迪	周梦梓*	陈　城	王　玮*
陆昀乔*	姜丽丽*	朱董梁	陈　迪*	王雪帆
吕　璇*	蒋含芝*	朱仁智	陈　凯	魏思宇
骆晓伟	蒋佳瑶*	朱　鑫	陈学泽	武晓霁
马晓丹*	蒋亚梅*	朱浥青*	陈勇吉	向婉丽*
马晓梅*	金　雨*	朱子昂	陈志国	邢朗彰
麦地娜·努尔太*		鞠　明	左　卿	陈志慧*
邢天戈	麦尔旦·图尔荪		赖　文	何梦佳*
崔泽熙	胥　畅	莫绍星	雷校程	胡　迪

刁经纬 徐士康 努尔屯·图尔荪 李 博
华 健 丁龙琦 徐志成 庞庆源 李大帅
黄俊成 丁明皓 杨 洋 彭 晨 李方林
孙利萍* 东思嘉* 余 梦* 彭福源 李 京
孙致远 高 洁* 云旦扎巴 钱旗伟 李世毅
塔伊尔·图尔贡 宫巨嵩 仁青平措 曾 鸣
李韦钰 龙安霖 龚 政 张德华 沈淑鑫*
李 瀛* 龙星皎* 哈哈尔别克·吐尔达吾 张 蕊*
沈思远 李勇德 刘 洋 韩 青* 张 涛
沈子权 李 煜 史鹏程 张伟伟*

2010 级（成人教育）

咸玲云* 张玉萍* 赵 君* 马 玲* 徐文君*
胡梦婕* 采有丹* 姜莉娟* 敬玲玲* 金 红*
韩叶贝* 王丽敏* 吴 玥* 许晶晶* 土 坏
赵 帆* 丁 颖* 史 昕* 王雪君* 王 丹*
王 丽* 汤世佳 丁 阳 肖 俊 武晴晴*
韩 梅* 季巧成* 何 娟* 刘 萍* 陈 敏*
李梦月* 荀萍萍* 黄雪娇* 朱麟瑞* 孙红婷*
孙 嘉* 袁 露* 傅 露* 周立清* 田雪娇*
李桂香* 徐 炜 李 可* 施宗芸* 马婷婷*
赵 静* 马立萍* 马文臣 廉变变* 韩 雪*
魏裕富 王 丽* 容多多* 吕 珍* 丁美霞*
刘 磊 汪 磊 陈 湘* 史文怡* 丁 磊*

潘凤仙*	邢子昂	于 夏*	李浩栋	王倩云*
王 俊	黄义艳*	乔 友	蔡 欣*	何云鹏*
陶 倩*	陆曙光*	阙莉莎*	陈双双*	陈 磊*
江 兰*	吴新晨	钟珺瑶*	张元勋	刘 慧*
杨书涵	叶 芳*	许 婕*	胡子岚*	王 娟*
艾 园*	钱 倩*	张兴慧*	张 杰	徐 叶*
刘 翔	李知春*	刘 伟	姜 庆*	刘文兴
陈 丽*	金 刚	李世龙	乔 迁	张 平
王 谦*	周翔侯	祖 波	谢自剑	周 独
胡 婷*	鲁文颖*	陈思宇*	徐 广	吕 俊
李张帆	严星宇	徐雪丽*	孙承浩	樊增辉
潘 强	魏 鑫	高 婕*	李 杰	祝卯庆
全婷婷*	佘云菲*	李玉珍*	张亦鲲	岳艳秋*
张丽艳*	李伟意*	石 磊	计 强	彭 程
李梦馨*	季 萍*	葛 倩*	成丽媛*	张 超
徐 瑞*	李世玲*	张 翰	王 旌	刘 婧*

2011 级

李方林	仁青平措	孙致远	艾德艾木·艾合麦提	
艾克拜尔·阿力木		艾米尔丁·艾尔肯		卜轶凡*
蔡申阳	曹 旭*	陈 铭	成明玉*	迟 哲
次旦罗布	戴伟浩	单 赛	范裕锋	方少之
付 裕	傅焓埔	耿 敏	苟 涛	顾筱彤*
海那尔·别克吐尔逊		贺儒良	洪冬冬	胡春林

胡尔麦提江·海拉提　胡磊　胡明磊　黄强
黄泉城　黄翔　江嘉敏　姜菲*　蒋鑫
冷挺　李来峰　李乐　李萌　李勤
李运生　李蘸　列珠　林楠　刘卫民
刘臻阳　卢婉仪*　陆天宇　罗一鸣　骆霖
马东正　马昕莹*　孟楚洁*　帕若克·吾甫尔
彭弋倪*　秦欢　青玮婷*　热杰甫　任超
沈雪遥*　寿昊蕴*　苏安琪*　苏晓宇*　苏祎桐
孙启程　孙骁驰　覃国浩　庹秀松　汪谦
王烽　王海波　王晗*　王涵　王侃*
王坤泽　王琳*　王睿　王申　王书舟
王禹钦　卫云波　魏钰成　吴方东　吴海祥
吴奎余　夏任远　徐涛　薛利强　薛宇
杨姿*　杨子潇　姚舜　姚舜禹　游洋
衣力牙尔·吐尔逊　糟永中　张帆　张磊
张爽　张晓雯*　张岩*　张照　张振
赵家斌　赵万里　赵莹莹*　周华　周中尧
朱丰　朱洁羽*　朱强　朱睿卿

2011级（继续教育）

徐海中　王超　刘娟*　卞奎　童翔
彭玥*　唐春燕*　高璐璐*　宫伊文　张秋菊*
齐伟　白芳*　邹云甲　陶韦木子*　张超
史颖媛*　李晟　杨灏　赵雅*　李想

李杨秋子*	田　甜*	张诗晋*	陈伟荣	袁　涵
李　辉	朱　韬			

2011 级（继续教育）

胡　燕*	芮秀琴*	彭云云*	张云菲*	刘　燕*
林　璇*	郑雯心*	邵蔚康	陈　琼*	吴其红*
解文涛	芮云萍*	李文静*	赵　麟*	张　琴*
詹　祥	吴雨倩*	许辰操	王玲娟*	任　璇*
贾雨婷*	赵　月*	孙　锴	李　伟	赵冬梅*
汤海海	张　珂	陈旻媛*	蔡菁菁*	杜永成
杨立兵	黄　泷	何　贤	邓正生	马建龙
卓芝帆*	刘　洁*	唐忠杰	孙甜甜*	费　娟*
施学萍*	田　园*	胡　彬	陈晓青*	刘　庆*
邹小鸥	季林莉*	王梦华*	朱　芹*	张雅婷*
戴传欣*	沈　佳*	曾　楠	王　禛*	王世诚
薛　萍*	郭　涛			

2012 级

安丝雨*	白英生	陈旻璐*	陈　瑶*	陈　颖*
程　玥*	邓　蕾*	邓　倩*	邓悦玥*	丁小丰
董晋旋	多明亮	冯　天	冯旭平	耿志远
苟乙人	顾　希*	何玮东	黄　安	黄慧晶*
黄天一	霍金文	季建淳	李　广	李昊达
李禾澍*	李舒怡*	李效战	李　洵	李英来

李永豪	廖　晴*	刘　传	刘得芳	刘　恒
刘　攀	刘思羽*	刘苏平	刘文政	刘　羊
陆鹏沸	梅青云	莫昕欣*	那晓云	潘明恩
平措尼玛	施其斌	舒荣军	帅　康	司徒宇骅
唐启承	王　冬*	王　觉*	王盛宇*	王田丁
王文琪*	王　璇*	王禹权	魏　宁	吴戴豪
吴嘉辉	吴亚敏	夏刘文*	徐宏扬	许文涛
薛　荣*	严　昕*	杨凤侠*	杨伟康	杨　阳
姚希柱	殷宇奇	尤　楠*	虞　冰*	展恩鹏
张晓宇	张迎春	赵庶含*	赵　萧	周天璞*
周旭辉	阿地力别克	古再丽努尔·甫拉提*		牛长泰

2012 级（继续教育）

杜　娟*	余永军	孔菊梅*	李　明	吴永华
蒋　霆	王晓轩	高　凡	郭　洋	崔玮玮*
相　彬	王　勋	费茹慧*	胡明涛	吴　越*

2012 级（继续教育）

熊志俊	汪　甜*	曹　强	邹庆云*	李文秀*
金志飞	刘云霞*	朱丽洁*	彭璐明*	项　敏*
张　瀚	刘泽豪	蒋长凤*	刘　琦	刘永丽*
杨　婕*	张宇轩	徐　冬	方　悦*	余开慧*
赵　超	糜　琪*	王　蓉*	姚　靖*	孟文贺*
孙慧灵*	赵三红*	帅欣悦*	杨婷婷*	施旖旎*

陈超　徐洋　李娜*　黎露*　顾梦颖*

张远恒　江溶溶*　彭增颖*　倪艳秋*　谢小凡*

孙笛笛*　汤明清　孟令君*　常莹莹*　谢宏梅*

孙人蛟　魏曦光　南宁*　钱彦羽*　张弢

刘宇*　郭菲菲*　王光蕴　黄敏*　马洪霞*

罗晓庆*　何卫卫*　潘佳*　陈永絮*　殷舒佳子*

张骏　朱晶晶*　刘丽萍*　张凌*　刘庆

陆子健　鲁佳*　荣玉金　田婕*　顾宏亮

孙晓　崔晋　田春春*　沈寒露*　李丹丹*

马明　张龙

2013级

亚合甫·艾萨　穆合塔尔·麦麦提尼亚孜

朱致远　郝识杰　常辉　郭子恒　李旭明

李晓旭　欧阳凌志　丁睿　赵飞凡　鲍颜

代晓彤　王鹏　岳行之　刘俊杰　梁恒頔*

阿依别克·莫合塔尔汗　许家宁　成少观　张钟天

赵鑫昊　杨亦成　陶雨薇*　杨锦瑾*　倪玲玲*

陈亚男*　李磊　龚冲　王艳磊　卢弈舟

陈慷　祁莉娜*　彭锦潇　丁增曲加　倪昊然

哈力瓦尔·阿布来提　吕超　王玮珺*　师城

孙泽阳　陆宗豪　夏昕彦　马合木提·外力

吉格尔　朱米西　曹剑秋　李伟　徐鹏霄

严圳　王凯　郝尚钦　薛喜雷　郭振辉

高家辉　田庆羿　陆孝康　黄三　管天昊
陈鹏　兰天*　都超　程诗涵*　李旭锐*
常沛*　姜楠　贡觉杰布　蒋志伟　次仁永宗*
郑志斌　刘星*　王天华　赵丹蕾*　余璟坤
尹超*　曹睿坤　周荷岩*　刘若琳*　刘歆珂*

2013 级（继续教育）

徐璐*　张婷*　苏春香*　马严龙　王宸骁
熊思千　许源宁　朱怀若　陈静*　金川
姜捷　刘晨康　李见婷*　陆翠*　邹宁仪*
杨岩岩*　王旋*　葛影*　万晓勇　种梦琪*
王裕婕*　柳笛*　张佳　赵昆　王融
江灿灿　孙龙　张银杰　杨猛　王国庆
李德程　尹亮　戴春松　马季　穆泞
岁怀龙　土煜

2013 级（继续教育）

邹文金　黄心怡*　陆婷婷*　王炜　池仁仁*
金圣　赵健　李雪*　吴秋雯*　王良涛
吕之明　姚开张　张萍萍*　耿莉娜*　张杰*
张玲*　唐金凤*　颜凯　王修红*　孙玥婷*
林栋彬　邢秋兰*　赵小兰*　战海松*　王苗苗*
刘红*　路涛　尹魁　崔鹏飞　傅泽宇
杜梦珠*　朱婷*　李琴科*　栾红梅*　饶晨

葛华全	陆　璐*	王海燕*	曾　颖*	卜　珂*
高　含*	周志坚	赵　欢*	古梦云*	邓程伟
余　磊	叶　灿*	张　璐*	魏　珂*	唐振宇
陈畋翰	张南徽*	姜开玺	黄　衍*	李　娟*
王建英*	崔海伟*	马　静*	王　燕*	谭　娟*
丁佩民	程莲香*	王　娟*	陶金芳*	

2014 级

王　波	曹维敏*	陈惠娴*	陈　哲	程永贤
崔向杰	邓美强	邓怡然*	杜　杭	高　严
葛家成	韩　亮	胡茂林	黄　迪	黄佳晶*
黄擎煜	江成明	蒋昀辰	雷　锐	李皓玉*
李沛东	李全坤	李　玮	李雨情*	李　云
李　铮	梁　箫	刘　辉	刘俊东	刘小峰
刘永安	卢　晟	陆涌涛	陆　玥*	罗光明
罗焱曦	马文杰	马　勇	米玛桑珠	米　普*
闵思雨*	聂铭均	努尔夏提·吐逊		彭不同*
彭精诚	彭妙妃*	曲　扬*	申宗航	石逸飞
宋思存	索朗次仁	塔力哈尔·哈帕尔		唐丽昀*
唐思文	陶　凯	吐尔克扎提·阿不里米提		王敦宇
王弘扬	王敬朝	王茂宇	魏天增	邬冠群
吴雪松	修　晨	徐鹏程	徐思宇	杨万渠
殷一盛	尤斌昊	袁立名*	曾启程	张含笑*
张丽梅*	张潇文*	张小茅	张英杰	张卓然

周　实

2014级（继续教育）

徐　骁	张蓉蓉*	史金纯*	任　夏*	任冰燕*
曹建全	包萍萍*	刘梦颖*	夏　珉	张　军*
许宁霞*	张思杰*	李梦宇*	赵丰城	程　昕
尹　未*	张　龙	周　露*	杜晓菱*	王　辉*
晋　哲	朱　飞	庞杰莲*	宛　玥*	曹　甦*
于雯静*	周　榛	房　斌	王微辰	江　帆
高　崧	王亦君	杨佳丽*	赵　强	张　丽*
王　芸*				

2014级（继续教育）

朱　波	杨照红*	屈　炜*	骆婷婷*	马　琳*
金思羽*	刘　娟*	朱少宁	巩　晖	姚得保
马贤珂*	杨　强	高　涵*	朱　磊	许宝凤*
严　俊	王文静*	赵婷婷*	鲍文灿	苏　立
火羽寒*	郭双全	卢　笛	丁敏芝*	高　伟
周　芳*	张雨梦*	郑　雷*	陈　娟*	刘婷婷*
芮秀君*	王潇潇*	吴华梅*	刘子豪	徐　洁*
孙志国	李佳佳*	刘　艳*	高媛媛*	唐小璐*
刘　超	芦　倩*	郭晓红*	许玉娇*	张柳萍*

2015 级

艾热帕提江·艾尔肯　艾宇民　陈　龙　陈欣然*
次仁巴宗*　崔健铭　冯　倩*　冯彦杰　冯一夫
甘　凯　顾　昕　郭　阳　韩玉菊*　何　阳
化　鑫　黄弘毅　黄　玉　姜沁庭*　郎加多吉
乐天呈　李柏江　李林森　李　奇　李玥颖*
廖家振　廖明洋　林宗泽　刘浩存　刘家璇*
刘长风　吕盼盼*　马春龙　马啸威　马永祥
冉一早*　桑　珠　施家杰　石小萱*　石宇通
孙昊暄　唐晓宇　陶　欣*　田　柯　涂　超
汪　瑾*　王茂顿　王普凡　王善猛　王　侠
夏长发　向伏林　谢　奎　谢宇恒　谢彰毅
邢宇堃　许义江　薛占奎　杨明翰　杨萧平*
姚　骠　姚　尧　叶迪力·努尔兰　郁一帆
翟晗朝　张柏伟　张京伟　张　伦　张　琼*
张夏冬*　张祖阳　章　校　郑凯月*　庄子仪*

2015 级（继续教育）

万丹丹*　张明思*　潘　婷*　高　月*　陈小军
陈锡辉　张雅婷*　王海友　严　沁*　任　威
毛文静*　方　亭*　李碧丽莎*　王　婧*　戴探宇
王　亮　徐东东　郑友佳*　仇达俊　马永旺
施红燕*　王　娟*　朱桂芹*　张春城　胡旭芳*

杨维斌	强　旻*	张　浩	张　越*	史关尧
刘艺婧*	李　波	储晓琴*	王春雷	薛　盼*
黄继朝	杜媛媛*	刘志国	胡　淼	杨　寅
朱长征	邓　可	金志飞	曹　贺	韩　枫
薛扬漫*	孙俊楠*	庞　芸*	赵国燕*	袁伟一
杨　然*	戴文晓*	李　培	邢铭钰*	陈晓旭
谢小凡*	王正旋*	何　乐	何效彬	

2015 级（继续教育）

袁祎溟	华　欣*	李　睿	赵久俊	王陈琤*
张　洁*	杜琼霞*	唐佩芬*	周艳梅*	钱　新*
孙　瑞*	赵著彬	吴　丹*	赵　澄*	费　烨*
刘　敏*	鲍志诚*	薛　璐*	楚铁梅*	陈积青*
刘　颖*	秦丽娟*	王振兰*	邱金凤*	马　丽*
李仁霞*	高　奎	王洪江	王　帅	仲宝艳

2016 级

杨　柳*	阿尔曼·艾力夏提		白　晶	白依得力
常丰年	陈显健	陈　卓	陈梓豪	成宇轩
杜宇烽	段昕昊	非尔顿·海米提		丰志杰
何　翀	何行健	何　鑫	胡　京	吉　聪
吉　虎	李宇宁	刘　筱*	刘学敏	刘宇童*
鲁高峰	马　鑫	彭　勃	彭　巍	邱晨光
冉　旭	沈　泽	宋　颜*	魏　晋	吴寒婷*

许小淇*	许心宁*	殷　哲*	张　宽	张　浪
赵家辉	周效民	朱通辉	朱文奇	艾鑫宇*
陈寅珲	程鉴如*	段浩然	苟远聪	李宇琦*
刘赟旺	马欣程*	吴梓曼*	鲜钰菡*	熊定一
徐　丹*	杨子舟	於　葛*	于　盈*	张天生
赵博雅*	郑健帆*	朱　健	张艺秋*	李　祺*
汤嘉颖	徐浩然	曾靖嵩	高海鹏	

2016级（继续教育）

彭婉莹*	季　李*	唐艺倩*	刘　静*	李　静*
李　恺	王　钵	程莲香*	蔡　薇*	马　静*
高　韵*	周兴华*	孙江涛	李媛媛*	周淞崧
肖　玮*	魏　珂*	叶　灿*	吴昊天	张　志
成冰峰	宋家平	梁宇辉	张伟良	谭　娟*
张　璐*	陈珍珍*	严　露*	刘芳芳*	严　洁*
吴梦轩*	于利杰	徐守志	傅　琳*	陈萌萌*
路　涛	殷　亮	黎玉洁*	赵嘉鸣	杨　静*

2016级（继续教育）

汪震宇	岑　瑶*	张德山	段圆圆*	赵卓佳*
陶　涛	成贤超	夏　杨*	庄敏昕*	王　婷*
郭付敏*	花　洁*	董国庆	孔德义	周　禹
李伟平	柏云飞	杭生云*	鲁　毅	胥庆杰
顾延霞*	张雅琪*	韩　远*	王凡凡*	姚学良

刘　奇	胡一红*	周新宇	程缓缓*	朱成林
龚雨林*	钟思燕*	杜　许	周晓云	王　彬
贾科伟	张海军	曹　颖*	程　振	冯晶晶*
林　晨	陆金鸽	郎靖文*	吴美庆*	顾　婷*
樊　旭	黄培蕾*			

2017 级

陈嘉阳	王子童*	严子妮*	徐　玮*	杨昕瑜*
冀之涵*	耿嘉琪*	何子卉*	杨孙容*	格桑曲珍*
策李格尔	付家驹	王秋杨	艾孜买提·米尔亥力木	
王广琳	闵寅通	石弘阳	艾则孜·图拉克	
徐卫华	陆嘉铭	张　超	向天麟	宋俊逸
章君政	袁敏杰	黄洲源	刘馨午	方　舟
潘文栋	李锦徽	张　鑫	赵　亮	白玛曲杰
周一擘	赖铭睿	洪德翔	朱鋆悦	龚德涛
刘祺睿	涂建宇	姚泓宇	吴　昊	郑辰予
方　正	刘毅杰	赖牧晨*	张　媛*	叶训焱
于智瀚	张书涵			

2017 级（继续教育）

江丽芹*	李　琴*	熊国旺	虞天佼	沈明辉
乔　骏	张莉娇*	夏晓平	孙　超	陈　丽*
王丽丽*	费宁杰	吴　越	时娟娟*	卞炎坦
马波波*	陆佳佳	黄静心*	杨益技	张　丽*

钱程程*　张　红*　吕晓磊　董石磊　李　昕*

龚　钰　沈小朋　孙大行　王巨成　王文兵

薛　梅*　魏云珍*　杨晓磊　苏　贺*　邓小丽*

李娜娜*　杨照红*　徐澎澎　朱少宇　杨昱之

崔鸿斌　巩　晖　卢　笛　邓　川　周溢飞

许宝风*　许圣尧

2017 级（继续教育）

薛铭扬　张小亮*　华福松　林立颖*　朱冰倩*

徐　婷*　陶新星　甄　鑫　马玉萍*　孙　静*

杨　莹*　张　珂*　李　雪*　熊　星*　邢锦钰*

许行缀　方　卉*　郭达仁　荣　巧　许苗苗*

汪　婷*　王广安　宋杨丽*　吴　江　章妍婷*

许加苗*　谢　亮*　岑鹏飞　孙有庚　虞建荣*

关钧元*　林　兴　巢　玲*　周炜昊　韩　生

瞿鸿辉*　李万炬　孙　倩*　曹体慧　雷恒燕*

刘　伟　蒋长宁*　徐相琴*　柏　雷

2018 级

阿布都瓦热斯·吐尔逊　艾荣慧*　艾山江·依米提

陈凤婷*　陈　涵*　陈业玲*　程琳翔　程郅麟

代明哲　杜宜涵*　段灼煜　樊燕钰*　葛子奕*

顾嘉琪　胡石语　黄渝元　贾文慧*　李岸晓

李承哲　李佳欣*　李林曦　李益胜　刘　帆*

刘　浩　刘　澍　刘雨萌　刘治昊　路升华
罗　淇　吕　唯　吕心雄　马正龙　庞逸清*
荣艺伟　宋哈尔·霍依西　王曹瑞　王若帆
王沈龙　吴　亮　吴盼盼*　杨俊炜　姚若溪*
叶尔纳尔·吉格尔别克　余一凡　张　俊　张瑞敏
周　龙　周圣迪　朱绎文　开迪尔丁·吾拉木
徐嘉欣　张子航　赤来措姆*

2018 级（继续教育）

冯珊珊*　夏小旭*　王奕聪*　王静静*　张敦鑫
邢佩佩*　颜小建　白云龙　裘星星*　王　帅
孙　芸*　潘　盛　房飞飞　郁　飞　胡荣荣*
周金龙　李　玲*　姜维克　陈　飞　韩　明
王洪江　董玉萍*　仲宝艳*　李艳艳*　牛博涵*
程　梅*　刘佳颖*　劳珂卿*　郭红超　宋　娟*
张　静*　甘　帅　郑必垒　徐静慧*　李慧港
杨　玉*　谭　静*　李国瑞　王冠中　胡星照
汪海洋　刘志腾

2019 级

艾志伟　白玛朗杰　包凯文　曾敨睿　曾蕾进
曾晓宇　曾信龙　邓清文　嘎玛扎西　高嘉华*
郭　琳*　韩镇国　何健平　黄汉晖　黄铭昊
季瑞卿*　姜纪文　蒋乃健　蒋紫苏*　康埔瑄

李厚禹　刘若昊　刘扬帆*　刘　悦*　罗灵涵
吕持盈　马争龙　买尔哈巴・买买提*　潘孝元
木合热木・合力力*　尚王阳　沈佳益*　师一康
施玉洁*　苏欣然*　王　哲　王支弋卉*　魏海洋
吴昌奇*　吴嘉起　徐其琛　徐亚东*　徐卓群
薛洪依蒙　杨　漂　杨昀非　伊　伟　张传哲
张可心*　张露源　张　芃　张润轲　张致远
赵卓凡*　郑尔康　周航阳　朱沁楠*　田艺坤*

2019级（继续教育）

王玉珏*　田　莉*　施鹏飞　徐　晖　顾延霞*
李成章　吴丹丹*　范　婷*　胡志慧*　王　艳*
江聪梅*　秦明新　张　来　刘　云　宋　爽*
杜　一　张建华　周晓云　吴　宇　马周民
朱成林　鲁　毅　柏云飞　韩华凤*　李秀菊*
罗爱玲*　朱亚萍*　申　燕*　孙　欣*　厉鹏飞
李小霞*　陆　君　陈钰钰*　高　奎　王建平
钟思燕*　陈　燕*　贾科伟　张顺帆*　陆金鸽
祁依娜*　杨　双　李　桢*　徐　伟*　周宇寰
郭绪生　朱　进　陆　明　陆立华

2020级（继续教育）

王君威　葛若瑜*　王姝雯*　吴　江　龚　利
朱华清　须壬秋*　宿　愿*　张　溯*　姜东东

刘承林	刘　冰	刘　静*	李玉琴*	陈德昊
张　雪*	王广安	李慧慧*	卜莱娣*	白春雯*
周　艳*	邵泽杰	黄兰英*	林成玲*	姚勤芳*
殷苏爰*	吴林林*	李　琴*	杨奎奎	吴晶晶*
查隽萱*	王庆宇	陈　凯	陈迎飞	钱　琼*
孙　舒*	金　迪*			